Le tour du Monde de la politesse

Le tour du Monde de la politesse

Préface de Didier Pourquery

DENOËL *Le Monde*

© Denoël | Le Monde, 2012

Du bon usage du savoir-vivre

Autrefois, c'était simple. Nous étions tous américains. Nous voyagions dans le monde entier en parlant un *globish* d'aéroport et en saluant les gens que nous rencontrions, à Stockholm ou à Hong Kong, comme on le fait dans l'Ohio. On s'échangeait de vigoureux «*Hi!*», on se serrait la main et on passait directement à l'ordre du jour.

Nous parlons là d'un temps pas si ancien où le concept de mondialisation n'était pas ce qu'il est aujourd'hui. Le monde d'alors était anglo-saxon par sa consommation, son management, sa culture... et donc son «commerce», que ce soit dans le sens d'échange monétaire ou d'échange tout court. Les modes de relation se fondaient sur ceux qui avaient, en trois siècles, émergé du melting-pot américain : un plus petit commun dénominateur de la courtoisie, une façon directe, un peu brutale, de s'adresser les uns aux autres, basée sur la recherche d'efficacité, le recueil rapide d'informations à propos de son interlocuteur et une sorte de jovialité toute en dents.

Puis vint la «globalisation», la vraie, celle du XXIe siècle, celle qui fait se rencontrer vraiment toutes les cultures. Les experts en géopolitique parlent à ce sujet de «multipolarisation»; une autre façon d'exprimer le fait que le monde n'est plus seulement américain, mais aussi chinois, européen, russe, indien ou brésilien. Ces pays-là veulent exister sur la scène mondiale à hauteur de leur poids économique, et ils veulent que leur façon de vivre et leurs coutumes soient prises en compte. Rien que de plus normal, en vérité. Nous-mêmes, en Europe, avons suffisamment pesté contre l'américanisation des esprits et des modes de vie pour comprendre que désormais chacun souhaite être considéré comme un interlocuteur spécifique, doté d'une sociabilité propre et respectable. Cette reconnaissance de l'autre fait aujourd'hui partie du type de courtoisie internationale jadis réservée à ceux – routards ou autres – qui défendaient en voyage l'ouverture à la culture d'autrui et le respect absolu des différences. Ce qui, reconnaissons-le, est le vrai fondement de la politesse authentique.

Aussi, lorsque Joseph Beauregard a contacté la rédaction du *Monde*, au printemps 2011, avec le projet de réaliser un documentaire sur la politesse autour du monde, en s'appuyant sur l'expertise du réseau de correspondants du journal, cela nous a paru une excellente idée. Une idée si bonne que, dans un premier temps, nous avons décidé d'en faire un feuilleton d'été. Le fil conducteur en était simple : il fallait tenter de donner à nos lecteurs une idée de la diversité des pratiques et des coutumes dans le domaine certes minimal mais essentiel des relations humaines.

La politesse est en effet souvent présentée par les philosophes comme une petite vertu. Et il est vrai qu'elle n'est – comme le droit dans un autre domaine – qu'une des bases de ce que les sociologues d'aujourd'hui appellent le «vivre ensemble». Pour être plus précis, il faudrait parler de civilité, c'est-à-dire des règles de vie en commun : respect des autres, politesse, courtoisie, tout ce qui fait que la société est vivable. Mais on voit bien de quoi il s'agit. Comme l'explique la psychosociologue Dominique Picard dans son ouvrage *Pourquoi la politesse?* (éditions du Seuil, 2007) : «Le savoir-vivre est aux relations sociales ce que la grammaire est à la langue.»

L'idée de réaliser ce feuilleton sur la politesse à travers le monde nous semblait d'autant plus pertinente que, justement, au fur et à mesure que dans notre société les incivilités se multiplient, la curiosité pour le savoir-vivre et la politesse fait son grand retour. On édite à nouveau des manuels de savoir-vivre, des cours «d'étiquette» à usage des cadres apparaissent, le «management interculturel» est de plus en plus pratiqué. Plus généralement, on se pose à nouveau des questions sur la façon de faire vivre au quotidien ce fameux «respect» dont on nous rebat les oreilles.

Il s'agissait pour nous de faire un rapide tour d'horizon des règles, des usages, des actes de convivialité, des façons de se saluer, d'entrer en contact ... La matière est tellement riche qu'il aurait fallu un gros traité pour en aborder tous les aspects. Notre propos était plus modeste : donner, autour d'expériences vécues par nos journalistes, un avant-goût de la politesse en usage dans différents pays. Le lecteur trouvera donc dans les pages qui suivent des instantanés de ce qui rend agréable le commerce avec les habitants de Chine, d'Inde, d'Allemagne ou de Colombie. L'observation des rituels de politesse d'ici et d'ailleurs constitue une forme légère d'anthropologie du quotidien qui nous donne aussi mille détails précieux sur la culture et la psychologie locales.

Il faut cependant reconnaître que, dans certains pays, le savoir-vivre reste minimal ou même rugueux. C'est ce que nous expliquèrent nos correspondants en Russie ou en Israël, par exemple. La politesse est même parfois totalement étrangère aux préoccupations locales, ainsi que nous le fit remarquer notre correspondante en Australie ; elle se creusa longtemps la tête pour trouver un « angle » australien pour notre feuilleton avant... d'abandonner le projet ! Loin de nous l'idée de suggérer que les Australiens sont un peuple dénué de politesse ; il existe évidemment des règles de savoir-vivre aux antipodes comme ailleurs, mais il semble qu'elles ne soient pas, comment dire... très originales. À moins qu'elles n'échappent à notre conception franco-centrée ?

Reconnaissons-le aussi, le mot de politesse en général n'a pas toujours bonne réputation. On l'associe souvent à une forme d'hypocrisie bourgeoise, à un conformisme issu de générations de gens « bien » éduqués, un ensemble d'obligations qui n'ont rien de naturel. Pourtant, si la politesse est constituée aussi d'une foule de petits rituels qu'il est bon de connaître, il faut également savoir les interpréter : la véritable politesse ne va jamais sans la pincée d'humour qui la rend plus fluide, plus souple.

Pour la présente édition de ces chroniques du *Monde*, nous nous sommes donc adjoint les services d'une experte en savoir-vivre, Laurence Caracalla, auteur de plusieurs ouvrages sur le sujet. Nous lui avons demandé de commenter, avec le sourire, les observations de nos correspondants. La science aimable de cette experte en bonnes manières qui ne se prend pas au sérieux met en perspective la complexité inouïe des systèmes de relations que le petit mot de politesse recouvre. Et Laurence Caracalla complète le tableau par un bref panorama de la politesse française vue d'ailleurs : car pour ce qui touche aux rituels de savoir-vivre, on est toujours l'étranger de quelqu'un.

Mais que l'on se rassure : si l'on est curieux de l'autre, ouvert, discret et civil, on court finalement assez peu de risques de faire de sérieux impairs.

Didier Pourquery

Le savoir-vivre dans tous ses états

Avant de lire les textes que vous trouverez rassemblés dans cet ouvrage, je croyais être imbattable sur les bonnes manières. J'ai, en effet, développé au fil des ans une certaine expertise dans ce domaine. Mais j'avoue avoir découvert une foule d'informations qui m'étaient tout à fait inconnues.

Les vingt-deux journalistes du *Monde* qui ont contribué à ces pages sont des spécialistes des régions du monde dont ils évoquent les habitudes et le savoir-vivre. Ils vivent dans les pays concernés ou tout au moins y séjournent une bonne partie de l'année. Et cela change tout. De leur œil aiguisé, ils ont eu le loisir d'observer les mœurs parfois étranges, souvent drôles, de nos voisins proches ou plus lointains. De l'Amérique à l'Asie, en passant par la vieille Europe, force est de constater que nous n'avons pas les mêmes façons de voir les bonnes manières. Ce qui est infiniment poli au Japon semble incongru en Espagne, et vice versa. On s'en doutait, mais au fil de ces pages on apprend une foule de détails surprenants, intrigants, parfois sympathiques et parfois… déroutants ! C'est passionnant mais pas seulement : connaître les sujets tabous, les attitudes incorrectes, les manières de se saluer, est évidemment utile lorsqu'on veut se fondre dans une population et qu'on n'a qu'une crainte : passer pour un touriste...

J'ai pensé que ces regards de l'intérieur méritaient d'être complétés par deux ou trois informations de base. J'ai donc ajouté quelques précisions et autres commentaires parfois désuets mais, je l'espère, pratiques.. À ce tour du monde de la politesse, j'ai donné un grain de sel franco-français, un peu vieux jeu, comme peuvent l'être certains de nos chers compatriotes très à cheval sur l'étiquette.

En vérité, tout cela n'est pas bien grave : dans la pratique, l'essentiel est de respecter l'autre et d'être attentif à ses codes. Le reste n'est qu'une question de curiosité... et on ne se lasse pas d'observer les habitudes des différents pays. En feuilletant ces pages, je parie que vous n'aurez plus qu'une envie : partir.

Laurence Caracalla

ALLEMAGNE
Simplicité et efficacité, le credo allemand

Pour un Français, la politesse allemande a un côté contre-intuitif. Quand vous êtes en Allemagne, ne dites pas : *«Auriez-vous, s'il vous plaît, l'amabilité de bien vouloir ouvrir la fenêtre?»* mais : *«On peut ouvrir la fenêtre?»*, sans plus de cérémonie. Si vous êtes invité à une réception à laquelle vous ne comptez pas vous rendre, ne dites pas : *«Oui, je passerai peut-être»* mais : *«Non, je ne viendrai pas.»*

La vérité, toute la vérité
Oubliez vos bonnes manières, vos précautions d'usage, vos circonlocutions. Au mieux, elles seront considérées avec suspicion; au pire, elles vexeront franchement votre interlocuteur. Car pour un Allemand, la véritable politesse, c'est dire la vérité toute nue, quelles qu'en soient les conséquences. Le petit mensonge, cet arrangement avec la vérité bien pratique pour éviter de dire ou d'entendre des choses réputées désagréables en France, est rigoureusement proscrit au-delà du Rhin. *«La zone de confort, l'espace entre la vérité et le mensonge,*

est très réduite en Allemagne », confirme Pamela Stenzel, consultante en affaires franco-allemandes.

Cette attitude a un nom : *Ehrlichkeit*, une sorte de sésame pour comprendre l'âme allemande. Le mot *Ehrlichkeit* est souvent traduit en français par «sincérité» ou «authenticité», mais ses ramifications sémantiques vont très loin, elles s'appliquent presque à tous les aspects de la vie quotidienne. *« Être sincère, c'est être direct*, confirme Richard Pinot, cadre chez Siemens. *Pour un Allemand, si quelqu'un n'est pas direct dans sa façon de s'exprimer, c'est qu'il a tendance à cacher quelque chose. Il faut éviter la fausse modestie, ou l'emballage. Tout ce qui est un peu trop poli ne sera pas compris. Le Français ne veut pas déplaire, l'Allemand veut que les choses soient claires. Les nuances et les finesses, si elles ne sont pas indispensables, sont à bannir. »*

L'*Ehrlichkeit*, c'est aussi la fiabilité. Cela comprend le respect de la parole donnée, le partage des informations nécessaires à chacun (faire ce qu'on a dit, dire ce qu'on a fait) et le respect des règles édictées par le groupe.

Ni séduction ni circonlocutions

À un rendez-vous, arrivez en avance, la réunion commencera à l'heure pile. Quand vous traversez la rue, attendez que le bonhomme soit vert, sinon vous risqueriez de vous voir corriger par un parent qui vous accuserait tout haut de donner le mauvais exemple. Quand vous saluez quelqu'un, serrez-lui la main avec fermeté, en le regardant bien droit dans les yeux. Surtout, ne vous aventurez pas à tenter une bise, surtout à une femme, vous sentirez passer dans son dos un blizzard désapprobateur. Et si vous pensez devoir vous excuser, réfléchissez-y à deux fois, l'excès d'excuse est également considéré comme «maniéré», donc suspect.

Sachez bien qu'on ne séduit pas un Allemand, on le convainc. Si vous souhaitez obtenir quelque chose, tenez-vous-en strictement aux arguments techniques. *«En affaires, pas de séduction, pas d'enthousiasme, c'est très mal vu»*, prévient Richard Pinot. *«L'Allemagne est dans un système dit de "low context"*, explique Mme Stenzel. *On dispose de toutes les informations pour pouvoir agir. Il n'y a pas de sous-entendus. Rien n'est laissé dans le vague, on termine toujours ses phrases. C'est aussi la langue, qui place le verbe à la fin, qui veut ça.»*

Simple et efficace, tel est donc le credo allemand. Seule zone d'incertitude : le flirt entre homme et femme. Est-il possible, en Allemagne, d'être à la fois sincère et galant ? *«C'est compliqué»*, soupire Alain-Xavier Wurst, un Français spécialiste de la question.

Cécile Boutelet

LE COUP D'ŒIL DE L'EXPERTE

C'est très aimable à vous d'apporter quelques fleurs à la maîtresse de maison qui vous reçoit chez elle. Elle sera enchantée, mais à une condition : que vous retiriez, avant de les lui offrir, le papier d'emballage qui les entoure. Voilà pourquoi le fleuriste qui vous a vendu ces magnifiques roses rouges n'a pas pris la peine de les envelopper soigneusement. Le but, c'est de donner l'impression qu'on vient de cueillir un bouquet pour elle. Un bouquet trop apprêté apparaîtrait comme un manque de considération envers celle à qui vous l'offrez.

Jamais, en Allemagne, on ne vous proposera un verre d'eau du robinet. Ce n'est pas dans les mœurs, et c'est très mal élevé. En cas de grande soif, vous ne boirez que de l'eau minérale, le plus souvent gazeuse, celle que les Allemands préfèrent.

Au restaurant, l'addition est augmentée par un supplément de 10 à 20 %, le *Trinkgeld*, qui sera partagé entre les membres du personnel. Vous trouvez que c'est largement suffisant ? Ne montrez pas votre pingrerie en ne laissant aucun pourboire sur la table. Un vrai gentleman laissera toujours un petit quelque chose pour remercier ceux qui l'ont servi...

Dans une brasserie, on vous servira de la bière jusqu'à plus soif, même si vous n'avez rien demandé. Ne soyez pas étonné : si vous ne voulez plus boire, rabattez le couvercle de votre chope. La laisser ouverte signifie que vous en désirez encore.

Certains Allemands sont choqués par les bises que nos compatriotes se donnent pour un oui ou pour un non. Une enquête a révélé qu'ils y voyaient quelque chose d'érotique. Beaucoup déplorent que cette pratique devienne de plus en plus courante en Allemagne, y compris sur le lieu de travail. Dès le plus jeune âge, on apprend aux enfants à se tenir à une distance raisonnable de l'étranger qu'ils doivent saluer, alors il y a en effet de quoi être perturbé !

AUTRICHE
L'art de lever son verre de vin

C'est la minute de vérité : quand un Français s'assoit à table avec des Autrichiens, et que le vin est servi, va-t-il attendre que les autres lèvent ensemble leur verre avant d'y tremper ses lèvres ? Ce qui, en France, n'est pas considéré comme une faute de goût, est perçu comme une grossièreté au pays de Mozart. La deuxième erreur consistant à croire que les Autrichiens sont pareils aux Allemands, et que la bière est leur boisson favorite.

Le vin, et comment l'apprécier
Car si Don Giovanni, dans le célèbre opéra, invite tout son monde à une fête placée sous le signe de Bacchus (« *Fin ch'han dal vino* », un air bizarrement connu dans la sphère germanique comme celui « du champagne »), cela ne signifie pas que les candidats aux plaisirs des sens sont dispensés de contrôle sur leurs pulsions. Au contraire : pour mieux partager la bonne chère, il faut s'imposer un minimum de discipline. Cette preuve d'éducation est peut-être une transposition sécularisée du rituel chrétien de la communion – de même que les

Autrichiens se disent bonjour avec de sonores *Grüss Gott!* («Salut à Dieu!»), et non avec le trop teuton *Guten Tag!*

Aujourd'hui, les Autrichiens ne fréquentent plus guère la messe dominicale, mais ils se rendent toujours avec une ferveur religieuse dans les Heurigen, ces établissements champêtres où, depuis un décret de l'empereur Joseph II, en 1784, les vignerons sont autorisés à vendre leur propre production, agrémentée de cochonnailles et de salades. Il s'agit de vin blanc sec que, durant les chaleurs estivales, on boit *gespritzt*, c'est-à-dire coupé d'eau pétillante. Ce qui peut passer pour un crime aux yeux des Français s'avère une boisson fort agréable – même si le gaz carbonique accentue traîtreusement les effets de l'alcool.

Mais depuis vingt-cinq ans (avec le scandale provoqué par des vignerons qui corsaient leur blanc à coups de diéthylène glycol), les vins autrichiens ont beaucoup gagné en qualité et en diversité, avec une tendance plus marquée à offrir des vins rouges. N'a-t-on pas vu naître au sein du parti social-démocrate autrichien une Toskana-Fraktion, une «fraction toscane»? Les médias faisaient ainsi allusion à un groupe de dirigeants plus experts dans la dégustation des bons crus européens que dans le commentaire des textes de Karl Marx ou d'Otto Bauer.

Un art de vivre méridional

Être aussi efficaces que les Allemands, mais sans en avoir l'air, tout en pratiquant un art de vivre méridional, telle est l'une des ambitions autrichiennes depuis la bataille de Königgrätz, en 1866, où l'armée prussienne a vaincu celle des Habsbourg. Ces nuances expliquent l'obsession avec laquelle l'Autriche tient à souligner sa différence avec son voisin du Nord, notamment dans le domaine culinaire.

Gardez-vous de réduire la cuisine autrichienne – enrichie des apports des provinces de l'ancien empire, de la Pologne à la Vénétie, mais raffinée par l'existence, pendant des siècles, d'une cour centralisée à Vienne – aux escalopes panées et aux strudels! L'affaire est si capitale que l'Autriche, durant ses négociations d'adhésion à l'Union européenne, a obtenu le droit de conserver son vocabulaire pour certains produits alimentaires. Le fromage blanc est resté *Topfen*, au lieu de l'allemand *Quark*, la confiture s'appelle *Marmelade* (et non *Konfitüre*), les abricots sont des *Marillen*, et la pomme de terre *Erdäpfel*, surtout pas *Kartoffel*. Il faut s'en souvenir, à l'heure d'étudier la carte du restaurant, avant de lever, de concert avec les autres convives, son verre de vin.

Joëlle Stoltz

LE COUP D'ŒIL DE L'EXPERTE

Les Autrichiens sont d'un tempérament mesuré. Par exemple, lorsque vous discutez avec quelqu'un, ne vous approchez pas trop. Gardez une distance d'environ... soixante centimètres, votre interlocuteur sera ainsi beaucoup plus concentré sur votre conversation. Et évitez les attitudes trop démonstratives : si vous êtes furieux, abstenez-vous de brailler, si vous êtes d'humeur joyeuse, ne hurlez pas de rire. Bref, calmez vos ardeurs : dire à une femme qu'elle est élégante, passe. Pour les Autrichiens, la complimenter pendant un quart d'heure ne serait plus du savoir-vivre mais de l'incorrection pure et simple.

Quand on pense Autriche, on pense valse, et les plus romantiques songent à Sissi, bien sûr. Au cœur du panthéon autrichien, la figure d'Élisabeth impose le respect le plus total. Alors, même si vous êtes féru d'histoire et que vous connaissez sur le bout des doigts la personnalité tourmentée d'Élisabeth, inutile de faire le malin en évoquant ses côtés sombres et sa grande fragilité. Les Autrichiens n'apprécieraient pas, ils préfèrent que vous gardiez en tête l'héroïne incarnée par Romy Schneider. Tant pis pour les puristes, sachez-le : on ne dit jamais de mal de Sissi...

Le respect de l'environnement est inscrit dans les gènes autrichiens. N'imaginez pas une seconde jeter un mégot à terre ou, pire, un chewing-gum. L'Autriche est d'ailleurs le pays d'Europe qui utilise le mieux le tri des déchets... Les Autrichiens ne plaisantent pas avec les détritus et trouveraient irrespectueux que vous ne suiviez pas, vous aussi, leurs règles très précises dans ce domaine.

En affaires, les Autrichiens sont d'un naturel plutôt strict. Pas le genre à se taper dans le dos. Ils se serrent la main en se regardant bien dans les yeux, et ne mélangent pas l'humour et le business. En Autriche, on est au bureau pour travailler, pas pour s'amuser, gardez bien cela en tête et évitez les plaisanteries malvenues. Il est impensable d'annuler un rendez-vous à la dernière minute, arrangez-vous pour que cela n'arrive jamais. Bref, si vous êtes toujours poli et respectueux, tout devrait se passer à merveille.

BRÉSIL

Questions à... Nicolas Bourcier

Comment aborde-t-on les gens dans les différentes circonstances de la vie amicale et professionnelle ?

Le Brésil est un pays gentil, ou du moins il se donne pour tel. Quelles que soient les circonstances, la tenue vestimentaire ou le moment de la journée, le Brésilien renvoie l'image d'un individu courtois. Au premier regard, on est frappé de voir les gens sourire tout le temps. Dès les années vingt, les intellectuels brésiliens avaient d'ailleurs conceptualisé le thème de l'« homme cordial ». Cordial donc, et très informel dans ses comportements. Il existe au Brésil une réelle liberté de corps et de mouvement.

On se salue de différentes manières, mais quelques tendances se dégagent. Les Brésiliens ne sont pas perturbés à l'idée de se faire la bise, au contraire. À Rio, on s'embrasse deux fois, à gauche et à droite. À São Paulo, une seule fois. Pourquoi ? Certains évoquent le syndrome de la mégapole, la cinquième du monde, la *maximum city*, pour reprendre le titre du livre de Suketu Mehta sur Bombay, où tout va vite, sans chichis ni perte de temps.

À travers le pays, on observe depuis quelques années une attitude nouvelle, entre hommes, principalement chez les nouveaux riches et la classe moyenne émergente : l'accolade statique. D'une main, on enlace le dos, tandis que l'autre main tendue prend le bras opposé de son interlocuteur. Bien sûr, on garde un large sourire, en ajoutant parfois une bise. C'est une sorte de *hug* à distance, d'accolade à l'américaine, une embrassade virile mais sans l'étreinte.

Quels sont les impairs à ne pas commettre ou les sujets à ne pas aborder ?

Le Brésilien ne se met pas en colère. Jamais d'énervement, même après une queue de poisson, une bousculade ou une porte qui se ferme devant quelqu'un... Cela ne veut pas dire qu'il n'y a pas de violence (il suffit de voir les statistiques de la criminalité), mais le rapport à l'autre, dans la rue ou au travail, est cordial, presque enjoué. Les étrangers qui vivent ici répètent tous que l'on (ré)apprend à sourire lorsqu'on s'installe au Brésil... De façon générale, faire la tête est mal vu. Morigéner quelqu'un dans une file d'attente ou exprimer son exaspération devant l'incompétence d'un employé est totalement contre-productif.

Un des gestes les plus courants pour un Européen est considéré comme très grossier au Brésil : se moucher en public. Cela ne se fait pas. Jamais. Lorsque François Fillon est venu à Brasilia, au moment précis où il allait monter les marches du palais présidentiel en compagnie de la présidente Dilma Rousseff, un agent de sécurité placé non loin de moi, de l'autre côté des barrières, m'a dit avoir «un problème au nez». Il s'est dirigé vers son supérieur avant de disparaître aux toilettes. Personne ne l'a remplacé, et il est revenu à son poste au moment précis où le Premier ministre français et la présidente brésilienne entraient dans le Palacio. Après leur passage, il m'a glissé qu'il était parti… se moucher.

Quels sont les aspects les plus étonnants des comportements et du savoir-vivre brésilien ?

Sur la plage, on est assez surpris par la tenue des Brésiliens. Les corps sont quasiment nus sous le soleil – le string est surnommé ici «fil dentaire» –, mais il est inconcevable qu'une femme enlève son haut de maillot. La pratique des seins nus est strictement interdite au Brésil. Brigitte Bardot n'y a rien changé lors de son passage à Buzios.

Plus généralement, ce qui frappe, c'est le rire. Il est partout, souvent bruyant dans les cafés et les restaurants.

On est aussi impressionné par la mixité incroyable des groupes de gens et l'extraordinaire mélange des couleurs de peau. C'est particulièrement vrai à Rio de Janeiro, ville connue pour sa tolérance et son ouverture au monde. Le racisme – réel dans la vie professionnelle – n'est pas visible dans la rue brésilienne. L'aptitude au mélange est également frappante dans le monde du foot : sans tomber dans l'angélisme d'un Stefan Zweig (*Le Brésil terre d'avenir*), il n'est pas rare de voir des supporters d'équipes différentes (et il y en a beaucoup) boire un verre à la même table. C'est inconcevable à Paris, Dortmund ou Milan.

LE COUP D'ŒIL DE L'EXPERTE

Attention à éviter les gestes qui pourraient être mal interprétés. Joindre le pouce et l'index en forme de «o», comme il est courant et plutôt «cool» de le faire ici pour signifier que tout va bien, est au Brésil un geste offensant... En revanche, on peut très bien lever le pouce pour signifier son approbation.

Les Brésiliens hochent très souvent la tête en discutant, afin de montrer à leur interlocuteur qu'ils sont concentrés. N'hésitez pas à les imiter.

Dans les relations professionnelles ou privées, on vous proposera souvent de petites tasses de café. Acceptez-les, même si vous sentez venir une crise de tachycardie. Il serait peu courtois de les refuser.

CHINE

De l'art de boire cul sec

Pas un banquet chinois ne débutera sans son cri de guerre : *«Ganbei!»* Si le «cul sec» semble d'apparence instinctif, il répond pourtant à un protocole rigoureux en Chine. L'invité d'un dîner d'affaires devra finir son verre sans tergiverser, s'il entend ne pas froisser son hôte.

La bienséance veut que les «cul sec» se fassent dans un premier temps avec l'ensemble du groupe, et toujours en l'honneur de quelque chose. Puis viennent les *ganbei* individuels, ceux qui auront raison du buveur lorsque la tablée est grande. Les invités sont mis au défi par chacun des convives, selon un ordre hiérarchique, avant de rendre la pareille.

«Il faut se lever, au moins pour les patrons, et dire un petit mot adapté à chacun», explique Geoffroy d'Humières, un Français vivant depuis huit ans en Chine, où il gère une société de vente de matériel de contrôle de qualité des céréales.

Selon lui, le buveur devra prendre soin de faire taper son verre sur la partie inférieure de celui de son complice, par déférence, sauf si l'autre lui est explicitement inférieur : «*De sorte que le regard se fixe davantage sur le verre, en général bien plein, plutôt que sur les yeux du convive.*»

«*Par l'acte du ganbei, l'individu fait preuve de sa sincérité. Ne pas finir son verre peut donc être perçu comme un manque de franchise, et refuser catégoriquement de trinquer est un affront*», analyse Li Jiashan, qui enseigne la politesse aux étudiants de l'Institut des langues étrangères de Pékin. Le buveur pourra retourner ensuite son verre afin d'assurer qu'il ne reste pas la moindre goutte, et montrer ainsi à son interlocuteur qu'il n'a rien à cacher.

Bonne ivresse, bon business

Le défi réside dans la quantité : faut-il sortir d'un banquet chinois saoul? L'état d'ébriété sera souvent interprété comme un signe d'ouverture à son hôte. L'invité enivré ayant jeté le masque de la rigueur, il s'est mis à découvert.

Geoffroy d'Humières se souvient ainsi avoir été reçu avec la plus grande amitié dans le bureau du directeur d'une entreprise cliente – qui pourtant avait fort à faire – simplement parce qu'il avait longuement bu avec lui la veille. «*Un commercial qui ne boit pas, cela fait sourire*», constate-t-il.

Tout est pourtant question d'évaluation du milieu car, en haute société, l'intéressé s'expose au risque de passer pour un ivrogne malappris. Celui qui était venu s'attabler pour affaires est par ailleurs susceptible de compromettre son propre intérêt. Dans l'incertitude, l'ignorant pragmatique calera sa «descente» sur celle de la personne la plus importante de la pièce.

Comment rester sobre

À noter qu'une femme pourra être excusée plus aisément qu'un homme. Quelques échappatoires : préférer, si l'hôte le tolère, la bière au baijiu, l'alcool blanc traditionnel supérieur à cinquante degrés.

Il est possible d'invoquer la nécessité de conduire sobre. Mais si l'argument fait écho dans les villes développées, où les contrôles sont plus fréquents et où la prévention émerge, il risque d'être plus difficilement entendu ailleurs.

Une alternative originale consiste à venir accompagné d'un substitut rompu à la boisson, qui pourra être introduit par une formule telle que «je suis malade mais mon associé boira à ma place». À charge pour lui de préciser à chaque *ganbei* qu'il agit en qualité de représentant.

Harold Thibault

LE COUP D'ŒIL DE L'EXPERTE

Retardataires compulsifs, prenez garde. La ponctualité est la première des règles à retenir en Chine. Si vous avez ne serait-ce que cinq minutes de retard, c'en est fait de votre réputation. Les Chinois arrivent à leurs rendez-vous à l'heure, ou plus exactement en avance. Prenez toujours en compte cette tradition.

Évitez certains sujets de conversation. Les Chinois n'apprécient guère qu'on leur parle politique, alors gardez pour vous vos idées sur le communisme. Et ne posez jamais de questions trop personnelles. En revanche, si votre interlocuteur a des enfants, demandez-lui sans complexe de leurs nouvelles, il sera enchanté de vous en donner. Évidemment, vous éviterez l'impair majeur qui consisterait à confondre Chine et Japon. Inutile de dire que si vous faites l'éloge du kimono ou des sumos, vous êtes mal parti. Il peut arriver qu'on vous questionne sur votre âge, c'est une question qui taraude les Chinois, ne la prenez pas mal. Et ne soyez pas vexé non plus si on vous fait remarquer que vous avez pris du poids. En Chine, c'est au contraire un compliment. Là encore, même si ça vous fait un peu grincer des dents, souriez...

Lorsqu'un Occidental salue un Chinois, il peut légèrement baisser la tête et lui serrer la main. Mais cela ne doit pas durer trop longtemps ! Les Chinois n'aiment pas beaucoup les démonstrations d'affection, sauf, bien sûr, avec leurs proches. Si vous ne faites pas partie du premier cercle de quelqu'un, abstenez-vous de lui taper dans le dos. Et ne regardez pas votre interlocuteur avec un peu trop d'insistance, ce serait un manque crasse de savoir-vivre.

Les enfants chinois ont de la chance. Leurs parents ne leur refusent rien, c'est un principe. Si l'un d'entre eux vous bouscule, hurle dans vos oreilles ou vous marche sur l'orteil, ne vous attendez pas à ce qu'il se fasse rabrouer. Bien au contraire, les parents trouvent cela irrésistible, en tous les cas parfaitement normal. Si d'aventure l'envie d'administrer une petite gifle vous démange, oubliez !

COLOMBIE

Courtois, mais la gâchette facile

Sur un trottoir du centre de Bogotá, Luis Jairo étale sa marchandise du jour sur un petit tapis crasseux : une édition pirate du *Manuel d'urbanité et de bonnes manières*, de Manuel Antonio Carreño. L'ouvrage, qui date de 1853, fait encore recette en Colombie, un pays plus connu pour ses guérilleros et ses mafieux que pour son étiquette. *« Mes compatriotes ont la gâchette facile, mais ils sont très bien élevés »*, explique en riant Luis Jairo.

Violents, mais courtois

Les Latino-Américains moquent l'usage délicieusement anachronique du vouvoiement à Bogotá. Le *usted* y est la règle entre frères et sœurs de bonne famille, entre vieux copains, entre parents et enfants du peuple. *Señor* et *señora* sont également d'usage courant. Traduction littérale d'une conversation entre Carmenza, femme de ménage, et son fils de quatre ans : *« Monsieur, obéissez ou je vous colle une claque »* ; réponse : *« Oui, madame. »* Mais, avec l'urbanisation et la télévision, le « tu » s'est peu à peu imposé dans la capitale. Et le guichetier de la banque ou le chauffeur de taxi y tutoie désormais ses clients.

Les nouveaux arrivants en Colombie s'étonnent du contraste entre la violence d'un pays en proie à un interminable conflit armé et l'amabilité de ses habitants. Pour la psychanalyste Tania Roelens, l'une n'est pas sans rapport avec l'autre : *« Dans une société comme celle de la Colombie, marquée par une histoire sanglante et de profondes inégalités, la politesse est une forme de protection contre la violence des relations sociales. »* Le langage garde la trace du féodalisme de l'époque coloniale. *« À sus órdenes »* (« à vos ordres »), dit le serveur qui prend commande ou la vendeuse qui offre ses services. Dans la région du Boyacá, au nord de Bogotá, les gens usent entre eux du *« su merced »* (« votre grâce »). *« La politesse en Colombie n'est pas exempte de servilité »*, souligne une diplomate vénézuélienne. Sous les civilités, les différences de classe sont toujours prégnantes. Politesse n'est pas civisme ni égalitarisme.

Les élites ont adopté les bonnes manières européennes. *« Toutes, sauf la ponctualité ! »* s'exclame Tania. En Colombie comme dans toute l'Amérique latine, il est mal vu d'arriver à l'heure à un dîner ou à une réunion de travail.

Les règles de la rumba

Dans les secteurs populaires, les usages de la table comptent peu, le repas n'ayant pas le rôle social qu'il a en France. La danse, en revanche, est un moment de socialisation important et donc codifié. Une fête de famille qui se respecte se termine en beuverie et rumba. *« Me permettez-vous ? »* demande celui qui veut inviter une dame à danser au cavalier (père, mari ou ami) de celle-ci. La pratique fait pester les féministes. *« Ce n'est pas du machisme, la femme peut refuser l'in-*

vitation, juge José Araujo, trente-huit ans. *C'est de la courtoisie envers le mec qui va rester tout seul pendant que sa nana danse.»*

José a grandi sur la côte caribéenne. C'est sa mère qui lui a appris les règles du déhanchement et celles de la bonne tenue. La plus importante d'entre elles? *«Ne serre jamais une femme plus qu'elle ne le souhaite.»*

Dernière particularité, les surnoms physiques sont ici autorisés. Dans toutes les familles nombreuses, le bébé plus foncé que ses frangins est baptisé *Negro* («le Noir») et le restera toute sa vie; le garçon potelé sera *Gordo* («le Gros») jusqu'à la fin de ses jours; sa sœur de petite taille héritera du sobriquet de *Pulga* («la Puce») ou *Enana* («la Naine»). Touristes, ne vous offusquez pas de vous faire appeler *Mono* («le Blond»), *Flaco* («le Maigre») ou *Gringo*!

Marie Delcas

LE COUP D'ŒIL DE L'EXPERTE

Les Colombiens sont polis et ils ont aussi beaucoup d'humour. Il faut admettre que vous n'allez pas toujours comprendre les subtilités de leurs mots d'esprit; alors, même si vous ne savez pas du tout pourquoi votre interlocuteur est plié en deux, faites semblant et riez de bon cœur. Dans le cas contraire, il serait vexé. Et si vous voulez, vous aussi, plaisanter, ne vous moquez pas, même gentiment, de ses attitudes, de ses propos, de son accent. Ce serait parfaitement grossier.

Évitez de vous énerver. Gardez votre calme, même si vous trouvez que les Colombiens ne sont pas très pressés et si vous ne comprenez pas qu'il ne leur vienne pas à l'esprit de se pousser dans les rues bondées de Bogotá pour vous laisser passer. S'ils sont systématiquement en retard, faites-vous une raison. Les Colombiens, en bons Latins, ont le sang chaud, et ils pourraient bien vous demander des comptes. Inutile d'en arriver aux mains…

Un sujet de conversation est à éviter coûte que coûte, avec des relations professionnelles comme avec des amis : la politique, sujet éminemment brûlant. On ne claironne pas non plus que Dieu n'existe pas. Les Colombiens sont des catholiques fervents, et il est probable que, tout juste après avoir fait connaissance, ils vous demandent quelle est votre religion. Si vous répondez que vous ne pratiquez pas, ils seront estomaqués et sans doute un peu déçus. À vous de voir… Enfin, ils savent très bien que leur pays n'a pas très bonne réputation en matière de trafic de cocaïne et ils en souffrent suffisamment, c'est alors inutile de le leur rappeler.

CORÉE DU SUD
Le père d'abord !

Une altercation dans le métro mettant aux prises un homme âgé et un jeune affalé sur une banquette, après que le premier eut demandé au second de se redresser, a rappelé aux Coréens que leurs bonnes manières étaient en train de se perdre. Influencée par la stricte étiquette néoconfucianiste visant à régler les rapports entre les individus – au point que pour la Chine impériale le royaume était le «pays des rites» –, la société sud-coréenne a connu des transformations sociales profondes au fil d'une expansion économique rapide (à peine une génération) et de la démocratisation.

L'association pour l'éducation de l'étiquette
Bien que la Corée ait adopté des comportements occidentaux, les règles de bienséance ancestrales sont enracinées dans la psyché locale. Mais les jeunes n'en connaissent plus les arcanes : manière de se présenter, de saluer, niveaux de langue... Aussi, des écoles d'étiquette se sont-elles multipliées ces dernières années. L'éclatement de la famille traditionnelle, quand plusieurs générations vivaient sous le même toit, a rompu

le lien avec les grands-parents. *« Les jeunes n'ont plus de modèles de politesse pour la vie quotidienne »*, estime Kim Jong-sok, directrice de l'Association pour l'éducation de l'étiquette, qui forme des experts en bonnes manières.

Ces écoles sont révélatrices de la confusion engendrée par l'importation des rapports sociaux de type occidental, plus informels, dans une société qui reste très formaliste. Les jeunes entendent se comporter à l'américaine mais *« ils sentent qu'ils doivent respecter l'étiquette pour s'insérer socialement et ils prennent conscience alors qu'ils ne savent pas comment être poli à la coréenne »*, poursuit Mme Kim Jong-sok.

Le respect de l'âge

Occidentalisée en surface, la société sud-coréenne reste marquée par une hiérarchie sociale dépendant de l'âge et du sexe, qui oblige chacun à trouver sa position vis-à-vis d'un interlocuteur. Souvent, lors d'une première rencontre, chacun cherche à situer l'autre : la carte de visite donne certaines indications, mais il reste à déterminer l'âge qui permettra d'employer le niveau de langue adéquat. Comme on ne peut pas le demander directement, on se renseigne par d'autres biais : année du diplôme universitaire, signe du zodiaque chinois, etc.

L'âge – et l'expérience supposée en être l'apanage – est un facteur déterminant dans les rapports sociaux : il confère autorité et préséance. En famille, c'est le père qui commence à manger, et l'on doit rester assis jusqu'à ce qu'il ait fini. Les enfants l'accompagnent à la porte lorsqu'il s'en va.

Les bonnes manières s'expriment aussi dans la manière de servir le thé et... dans la consommation d'alcool. Comme en Chine et au Japon, on se sert mutuellement et souvent le « cul sec » s'impose. La boisson fait temporairement tomber les barrières sociales, et ne pas boire nuit à la sociabilité d'un individu, voire frôle l'impolitesse. Une fois l'ivresse passée, l'étiquette reprend le dessus, mais la « parenthèse » a permis de mieux se connaître.

Les codes de politesse d'une société formaliste sont complexes mais ils tendent à s'appliquer entre personnes qui entretiennent déjà un rapport ou qui sont en train de l'établir. La politesse est souvent protocolaire et s'exprime dans un certain cercle. En revanche, l'inconnu, le quidam, tend à être ignoré. Il en va de même au Japon : il est exceptionnel, par exemple, que dans un lieu public celui qui vous précède vous tienne la porte. En revanche, dans les deux pays, il est enseigné comment fermer une porte sans bruit chez soi ou avec des invités...

Philippe Pons

LE COUP D'ŒIL DE L'EXPERTE

Dans la rue, il n'est pas rare de voir les passants coréens traîner des pieds. N'y voyez ni lassitude ni paresse particulière, c'est simplement leur manière normale de marcher, et pas un manque de savoir-vivre. Si d'aventure on vous bouscule, on ne s'excusera pas auprès de vous. Pire, dire combien on est confus au passant qu'on a heurté paraîtrait bizarre et risquerait même de le mettre mal à l'aise.

Lorsque vous serrez la main de quelqu'un, manifestez votre respect en inclinant la tête. Et si votre interlocuteur vous donne un objet ou vous tend une carte de visite, tendez les deux mains ou posez-en une sous son coude. Il y verra un signe de considération.

Vous serez sans doute surpris d'entendre ici ou là des sons de raclements de gorge quelque peu répugnants à votre oreille. Puis vous verrez des passants qui crachent partout et à tout bout de champ. Sachez que c'est une façon de faire autorisée et que vous ne trouverez sans doute rien sur le sujet dans les manuels de savoir-vivre sud-coréens. En revanche, se moucher en public est le comble des mauvaises manières. Il ne vous reste plus qu'à renifler, ce qui est tout à fait admis, et, vraiment, si vous n'y tenez plus, à filer dans un endroit discret et désert pour vous soulager.

Si vous n'avez jamais eu peur en automobile, utilisez les taxis coréens... pour voir. Sachez que leur conduite est pour le moins imprudente, et qu'ils aiment par-dessus tout regarder la télévision, installée sur le tableau de bord, pour ne rien rater d'un match de base-ball. Bien qu'ils soient nombreux (il y a 23 000 taxis à Séoul), il peut arriver que l'un d'eux refuse de vous prendre. Ne pensez pas que votre tête ne lui revient pas, c'est plus certainement qu'il ne parle pas un mot d'anglais, et qu'un Coréen digne de ce nom ne voudrait pour rien au monde perdre la face! Ne donnez pas de pourboire, de toute façon, même si vous insistez, il sera refusé.

Les Coréens aiment les Français. Notre pays leur semble charmant et romantique, en tout cas très séduisant. Il est possible qu'en les entendant parler vous ayez l'impression de comprendre un ou deux mots par-ci par-là. Rien de plus normal, car ils nous ont fait quelques emprunts. Ainsi *kkapé*, pour café, *rangde bu*, pour rendez-vous (uniquement lorsqu'il s'agit d'une entrevue amoureuse), ou *kudeta*, pour coup d'État, sont d'origine 100 % française.

ESPAGNE

Plus on vous aime, plus on vous parle mal

D'un geste brusque, votre hôte espagnol vous ouvre la porte. Deux bises sonores, une main ferme sur le dos qui vous pousse vers l'intérieur, et un tonique *«Anda, sientate!»* («Assieds-toi, allez !») accompagnent cette entrée en matière. C'est la première fois que vous le rencontrez et vous vous demandez quelle mouche a bien pu le piquer.

Cette familiarité peut sembler rude à qui n'est pas au fait des us et coutumes espagnoles. Au pays du Quichotte, la forme impérative est utilisée à tout va, bien souvent sans même un *«por favor»* pour l'adoucir. N'attendez pas qu'on vous tienne la porte et ne vous offusquez pas si on vous tutoie d'emblée, ce n'est pas un manque de respect, plutôt une marque de sympathie. Le vouvoiement est tombé en désuétude, et même lorsqu'on tente de l'utiliser pour s'adresser à une personne âgée, on risque de la voir répondre, offensée : *«Je ne suis pas si vieille !»* Malaise.

Ce qui vous paraît une absence de politesse est en fait un signe de confiance. Immédiatement, les Espagnols cherchent à vous inclure dans le cercle de la famille ou des amis et ils vous traitent comme tel. Or il semble que plus on vous aime, plus on vous parle mal... Dommage.

Donner de la voix

À tort, vous penserez que les Espagnols passent leur temps à se disputer. Erreur. Ils parlent fort, d'un ton franc et direct, sans détour, c'est tout. Si par malheur vous n'adoptez pas cette façon de se comporter, on prendra votre politesse pour de la distance, vos bonnes manières pour de la présomption.

Pis, il est possible que l'on ne vous écoute pas. Au bar, par exemple, si vous précédez votre commande d'une formule du type *«Bonjour, pourriez-vous m'apporter...»*, vous n'aurez sans doute pas le temps de finir votre phrase. Le serveur sera parti s'occuper d'une autre table. Au contraire, si, depuis la porte, vous claquez des doigts et exigez en criant *«Psschtt, una caña!»* («une bière!»), suffisamment haut pour percer le brouhaha ambiant, vous aurez plus de chances d'obtenir satisfaction. Et personne ne s'en offusquera.

Terminer un mail professionnel par *«un abrazo»* («une accolade») est très commun. Même dans les ministères, on se tutoie. Et combien de déjeuners professionnels se finissent par des confidences intimes dont on se serait parfois bien passé...

Ouverts, mais individualistes

Cette familiarité a des avantages, mais aussi quelques inconvénients. Les Espagnols se croient chez eux partout. Dans les trains, les téléphones sonnent à tout va et les gens répondent en parlant fort, sans se soucier de leurs voisins. Ce n'est pas un hasard si l'interdiction de fumer dans les lieux publics a été un long combat. Lorsqu'il a fini par aboutir, il a suscité la rébellion spontanée de restaurateurs qui voyaient un droit fondamental attaqué : celui de faire ce qu'on veut. Ouverts, certes, mais aussi individualistes, les Espagnols...

Finalement, être poli, aux yeux des Espagnols, ce n'est pas respecter un protocole de bonnes manières mais accepter de nouer des relations de camaraderie avec les autres. C'est pourquoi le comble de l'impolitesse est de *«despedirse a la francesa»* («partir à la française»). Lorsqu'une personne quitte une fête ou un dîner rapidement, sans prendre le temps de dire au revoir à chacun des convives un par un (ce qui peut durer une bonne heure, debout devant la porte, qu'il pleuve ou qu'il vente), il commet le pire des crimes : ne pas être sympa...

Sandrine Morel

LE COUP D'ŒIL DE L'EXPERTE

Et si la *dolce vita* était aussi espagnole ? Ici, on ne s'affole pas, quoi qu'il arrive. Jamais de précipitation, et, si les Espagnols sont en retard, ce n'est franchement pas grave. Attendez-vous donc à patienter un bon moment lorsque vous donnez rendez-vous à une heure précise. «Ne jamais se précipiter et prendre son temps» pourrait être la devise locale... D'ailleurs, les Espagnols ont une charmante particularité : le *paseo*. Avant le dîner, ils aiment se balader dans les rues ou sur les promenades qui longent la mer. On se retrouve en famille ou avec des amis et, pour l'occasion, on s'habille élégamment. Puis on s'assoit tranquillement sur un banc et on refait le monde. Autrement dit, on «prend son temps»...

En Espagne, il est inconvenant de s'extasier sur la qualité des plats ou des vins que l'on vous sert. À propos de vin, goûtez donc celui du pays. Il est très bon et vos hôtes seront ravis que vous ne le boudiez pas. Surtout si vous êtes français!

La corrida est un événement si populaire qu'on n'y arrive jamais en retard, c'est dire. Si vous voulez faire le malin et montrer aux Espagnols que, vous aussi, vous en connaissez un rayon en tauromachie, évitez surtout d'employer le mot *toreador*. Humiliation garantie! Non, il faut dire *torero*. Tâchez de suivre le rythme des spectateurs et de crier vos *olé* en même temps qu'eux. Sinon, vous risquez de les perturber, voire de les agacer. Et si la corrida n'est pour vous qu'un carnage, un spectacle immonde, on ne veut pas le savoir. Gardez votre répulsion pour vous. La plupart des Espagnols ne la comprendraient pas, ils pourraient même vous en vouloir...

Si, comme beaucoup de Français, vous partez en vacances en Catalogne, essayez donc d'apprendre quelques mots dans la langue régionale. Vous serez, d'office, bien mieux intégré. En revanche, leur parler du catalan comme d'un charmant «patois» anéantirait tous vos efforts! Le catalan, sachez-le, est désormais une langue officielle.

ÉTATS-UNIS

CALIFORNIE

Au pays des surfeurs, pas si cool

Un New-Yorkais qui apprécie beaucoup la vie en Californie l'explique volontiers par la façon dont la politesse américaine se transforme d'est en ouest : *« À New York, on vous jette le sac de commissions à la figure, et vous risquez de vous faire écraser en sortant ! Dans le Middle West, déjà, on vous dit : "Merci d'avoir fait vos courses ici !" En Californie, on vous raccompagne avec vos paquets jusqu'à votre voiture ! »*

C'est vrai, les rivages du Pacifique ont une tradition de courtoisie et un usage abondant du *« thank you »*. On y lance facilement à un(e) inconnu(e) : *« How are you today ? »*, désopilant au début, mais auquel on s'habitue à répondre : *« Fine, thank you ! And you ? »* Ces mots de politesse sont peut-être superficiels, mais fort agréables dans une vie quotidienne où, pour un temps, les rapports sont civilisés et où, dans un magasin, *« le client est roi »*.

Difficile de ne pas apprécier les douaniers de l'aéroport de Los Angeles lorsqu'ils vous rendent vos papiers avec ces mots de bienvenue : *«Welcome home!»* Vous revenez au paradis, vous rentrez dans la sphère du *«Be nice»*.

La faute à l'automobile

Alors pourquoi le dernier classement du magazine *Travel and Leisure* place-t-il la mégalopole de Los Angeles en tête des villes les plus grossières *(rude cities)*, détrônant pour la première fois New York, dont les habitants sont connus pour être aussi nerveux et désagréables que des Parisiens? Réponse : la faute à l'automobile.

La *car culture* – avec ses autoroutes encombrées, ces heures énervantes gâchées dans les embouteillages, ces rendez-vous manqués – aurait transformé des êtres naturellement cool et détendus en chauffards hurlants prompts à des gestes grossiers. Demandez donc aux piétons de Los Angeles, ces braves gens qui se déplacent encore à pied et s'aventurent à traverser sur les passages cloutés, s'ils ne pratiquent pas une activité à haut risque! Seule oasis de politesse à Los Angeles, selon le même magazine : les magasins de luxe, où tout client potentiel est traité comme une star et se voit dérouler l'imaginaire tapis rouge.

Tout se dégrade

Quelques conseils : arrivez plutôt à l'heure à un dîner, avec une bouteille à une party, et évitez de recevoir un Oscar en mâchant du chewing-gum, même ici c'est mal vu (et sonore). À la plage, attention aux codes de conduite, car les surfeurs californiens ont un sens aigu de leur territoire. N'allez pas nager sur leurs vagues, n'osez pas surfer si vous n'êtes pas un habitué du lieu, car ces *beach boys* vous prieront d'aller bouger ailleurs, vous traitant de *barney* (mauvais) ou de *kook* (inexpérimenté). Vous pourriez y laisser votre tête, car rien n'est plus redoutable qu'un surfeur californien planche au pied !

En publiant *I See Rude People* (McGraw Hill, 2010), qu'on pourrait traduire par «Je vois des gens grossiers», Amy Alkon a entrepris une croisade tous azimuts pour rétablir les bonnes manières dans notre société. Dans le premier chapitre, elle appelle Harry, qu'elle a entendu hurler son numéro de téléphone dans un café Starbucks. *«Non, vous ne me connaissez pas, mais je sais bien des choses sur vous»*, lance la journaliste blogueuse de Los Angeles, élégante, souvent gantée en dépit du laisser-faire vestimentaire ambiant. Elle n'hésite pas à accuser la nouvelle technologie cellulaire d'une sérieuse érosion de la politesse dans les espaces publics.

Claudine Mulard

LE COUP D'ŒIL DE L'EXPERTE

Si les Californiens sont des adeptes de la décontraction, aussi bien dans leur langage que dans leur tenue, n'y voyez nul dilettantisme, c'est leur façon d'être naturelle. Le *friday wear*, qui autorise à ne pas faire d'effort vestimentaire au bureau avant de partir en week-end, a été créé en 1947 à Hawaï, mais il s'est développé depuis 1995 en Californie, l'État d'Amérique qui a toujours donné le *la* en matière de comportements dans les entreprises américaines. Attention quand même, dans certaines sociétés, *friday wear* signifie juste mettre une veste claire. Pas forcément une chemise hawaïenne sur un short... Sauf bien sûr si vous travaillez pour Mark Zuckerberg.

La Californie a horreur de l'esprit grégaire. Alors, même si on y fait la queue comme partout ailleurs pour atteindre la caisse ou le comptoir, c'est avec un je-ne-sais-quoi de décontracté, voire de nonchalance. Pas question de passer pour des moutons !

Les Californiens sont très accueillants avec les étrangers et curieux de visages nouveaux. Ils reprochent d'ailleurs à leurs compatriotes de la côte Est d'être bien trop agressifs. Si un touriste est en difficulté, ils viendront volontiers à sa rescousse. D'ailleurs, on peut parler de tout sur la côte Ouest, y compris de politique ou de religion, sans que cela pose de problème à quiconque. Imposer ses opinions est considéré comme normal, et on ne vous jugera pas pour cela, même si les Californiens, eux, n'aiment pas critiquer. Si, par exemple, ils ont dîné dans un mauvais restaurant et qu'on leur demande ce qu'ils ont pensé de la cuisine, ils répondront volontiers «*It was OK*», ce qu'on pourrait traduire par un prudent «Rien à signaler». Ils ont en horreur le côté sarcastique des Européens. Pour eux, cette attitude n'est que de la méchanceté gratuite...

On l'a vu, les Californiens prennent leur temps, et rien, disent-ils, ne les choque vraiment. Sauf le malotru qui jette un chewing-gum sur le trottoir. Ça, non, ça ne passe pas.

La vie californienne est plutôt cool, on ne rigole pas avec certaines règles. Dans les bars, par exemple, il faut toujours être en possession de sa carte d'identité ou de son passeport, systématiquement demandés à l'entrée. En effet, il faut avoir plus de vingt et un ans pour consommer de l'alcool, et les Californiens ne plaisantent pas avec la loi. On réclamera ses papiers même à celui ou celle qui a visiblement largement dépassé cet âge fatidique. Le propriétaire d'un bar qui aurait servi de l'alcool à un mineur est passible de prison avec sursis, alors prudence !

ÉTATS-UNIS

CÔTE EST

Hug et bises : le ballet transatlantique

Le *hug* ou la bise ? À la première rencontre, c'est simple. De part et d'autre de l'Atlantique, on est d'accord sur les prémices : une poignée de main suffit. Indiscutable, franche et cordiale. *« Nice to meet you. » « Enchanté de faire votre connaissance. »* Votre interlocuteur américain se fait répéter votre nom, au besoin épeler. Il va s'en souvenir, contrairement à vous, qui avez bien du mal à vous remémorer, cinq minutes après les présentations, qui est Bill et qui est Bob. Pas de chance, c'était Ben. Embarras profond.

À mesure qu'on fait connaissance, les complications apparaissent. Les Américains sont perturbés par la bise, qu'ils trouvent à la limite de l'indécence (sauf lorsqu'il s'agit de leur grand-mère, à qui ils réservent un baiser respectueux sur la joue). Les Français ne comprennent rien au *hug*, cette embrassade qui rapproche les corps d'une manière qui leur paraît souvent familière, pour ne pas dire déplacée. Les incompréhensions participent d'une différence culturelle plus vaste, sur l'espace vital nécessaire à chacun.

Les chroniques américaines de voyage sont remplies d'anecdotes sur ce phénomène européen et sophistiqué qu'est «la bise» (à ne pas confondre, bien sûr, avec le *French kiss*, le baiser profond et langoureux que les stars s'échangent sur les écrans).

Embrasser n'est pas toucher

Imaginez l'angoisse du visiteur américain quand son interlocuteur ou interlocutrice lui tend la main, la serre et, non content(e) de s'arrêter là, la garde dans la sienne avant d'attirer le reste de son corps ? Quelle joue tendre ? La droite, la gauche ? Doit-on poser les lèvres sur la joue ? Se borner à un *air kiss*, une bise dans l'air ? L'angoisse augmente avec le nombre de baisers. Trois ? Quatre ? Les blogs d'expatriés publient des *kiss maps*, des cartes de France de la bise, avec le nombre recommandé par zone géographique. Certains assurent que les Français font un plus grand nombre de bises dans les régions frontalières que dans le centre du pays...

Pour les étrangers, le plus difficile à comprendre, c'est qu'embrasser n'est pas toucher. Au contraire du *hug*, justement, l'accolade à l'américaine, embrassade autant qu'étreinte, tout aussi éprouvante pour les Français. Donne-t-on du *hug* à une personne du sexe opposé ? Faut-il y aller d'une petite tape dans le dos ? Le *hug* est un constant exercice d'équilibre. Trop près, on risque de s'écraser sur l'épaule de l'autre. Trop loin, l'accolade prend des airs de salutations de Politburo pendant la guerre froide.

Selon les experts, il convient de distinguer entre les interlocuteurs. Pour les relations éloignées, un «demi-*hug*» suffit (on passe un seul bras autour de l'autre).

C'est aussi le *hug* des hommes politiques. À l'opposé, le *bear hug*, le plus chaleureux, glouton (c'est l'accolade «de l'ours»). Un rituel devenu tellement fréquent dans les couloirs des lycées que certaines écoles l'ont interdit.

Pour les Américains, le *hug* est un moment privilégié. En refermant l'espace qui sépare de l'autre, on réduit la place des malentendus et des désaccords. Les psychologues recommandent une ration quotidienne (au moins trois par jour). Le *hug* est censé réduire le taux de cortisol, l'hormone du stress. Sauf pour les étrangers, bien sûr.

Corine Lesnes

LE COUP D'ŒIL DE L'EXPERTE

Quand on ne connaît pas ses interlocuteurs, mieux vaut éviter de parler religion ou politique. Obama est sans doute populaire sur la côte Est, mais est-il vraiment aimé de tous ? Si les Français adorent argumenter, les Américains ont horreur de mettre mal à l'aise leurs contradicteurs, encore plus de les voir se faire agresser. Dire qu'on n'est pas d'accord apparaît comme une provocation, à la limite de la grossièreté. D'une façon générale, ne coupez pas la parole aux Américains. Si c'est chez nous un moyen parfaitement usuel pour relancer la conversation, pour eux, c'est de la muflerie pure et simple... Bref, sur la côte Est, le mieux est encore d'être curieux des autres, positif, de parler de ce qu'on aime plutôt que de ce qu'on déteste. Le politiquement correct est toujours de mise, alors exit les blagues de mauvais goût et le second degré complice. Dernière chose : flirter avec une dame au cours d'un rendez-vous professionnel ? C'est non, non et non.

S'il est un mot qu'on entend sans cesse dans les films américains, c'est bien celui de *date*. Avant de l'employer à tort et à travers, tâchez de comprendre ce qu'il signifie vraiment. Un *date*, c'est un rendez-vous galant. Il commence souvent par un questionnaire rigoureux sur : 1) votre âge, 2) votre job, 3) votre salaire, 4) votre lieu d'habitation. Pas très romantique. Pour un premier *date*, si la femme laisse l'homme payer l'addition, c'est plutôt bien parti pour la *love affair*. Si la soirée a été pénible, pas la peine de prendre des gants. On peut envoyer dès le lendemain un mail ou un texto pour dire, sans autre forme de procès que non, ça ne colle pas. Et on passe, l'âme en paix, à un autre *date*. Il existe en fait trois stades dans les dates : le premier appelé *first base* (comme au base-ball), c'est le premier baiser, le *second base*, les préliminaires, le *third base*, l'acte sexuel. Attention aussi à la manière dont présenter l'heureux(se) élu(e) : dire «voici mon *boy friend* (ou ma *girl friend*)» signifie que c'est du sérieux. Bref, qu'on est parvenu bien au-delà de la *third base*. Le *blind date* (rendez-vous arrangé) existe toujours. Il faut s'armer de courage car passer la soirée avec un(e) inconnue(e) demande un certain aplomb. Mais les Américains, habitués à ce genre de situation, n'y voient rien d'exceptionnel. Le principal ? Ne pas perdre de temps à chercher des mois et des mois celui ou celle qui convient... Et tant mieux si ça marche.

Sur la côte Est, on s'habille pour sortir. Que ce soit au restaurant, entre copains, à Broadway, pour aller au théâtre, femmes et hommes font un effort de toilette. C'est d'ailleurs une des grandes différences avec les Californiens, beaucoup plus cool pour ce genre de détail. De même, lors d'un rendez-vous professionnel, on ne lésine pas sur le costume impeccable ou le tailleur irréprochable, c'est ici la norme. *A fortiori*, les Américains attendront toujours d'un Français qu'il soit *so elegant*.

Dans les rues new-yorkaises, les passants marchent vite et n'ont ni le temps ni le goût de rêvasser. Il faut leur laisser un espace suffisant pour qu'ils puissent passer sans avoir à prendre ce petit air exaspéré, d'ailleurs assez international. Dans les escalators, ceux qui ne sont pas pressés restent bien à droite. Les autres ont ainsi tout le loisir de les doubler par la gauche. Une règle assez floue de notre côté de l'Atlantique, beaucoup plus respectée aux États-Unis.

On ne se tapera pas dans le dos dès la première rencontre. Non, les habitants de la côte Est ne sont pas familiers au premier contact. Ce n'est pas de la froideur, encore moins de l'impolitesse, mais ils ont été élevés comme cela – souvenir d'une certaine raideur protestante ? On attend donc un peu avant d'être très amical, que ce soit dans un cadre professionnel ou privé. Être excessivement chaleureux rendrait votre interlocuteur méfiant.

GRÈCE
Être en dette n'est pas grec

Les députés traités de «voleurs», les policiers comparés à des «porcs» et à des «assassins», des affiches et des tee-shirts arborant en anglais le slogan *«Fuck the IMF!»*... Les images des manifestations dans Athènes qui ont fait le tour du monde n'ont pas forcément donné l'impression d'une grande politesse hellène.

Rudesse balkanique
D'ailleurs, les Grecs sont-ils polis ? Rosalie, qui a fait ses études en France, est restée étonnée de voir quelqu'un lui tenir la porte pour la laisser passer. Les hommes grecs n'ont pas vraiment ce genre d'attention à l'égard des femmes.

Les Grecs ne s'embarrassent pas avec les formes, ils sont d'une rudesse balkanique. Les grands-parents — les *papous* et les *giagias* – sont toujours au centre de la famille. Pensant parfois occuper la même position dans la société, ils se sentent obligés de griller les files d'attente dans les administrations et de marcher sur quelques pieds dans le métro, en se précipitant vers une place assise qui leur semble due.

En voiture, les insultes fusent. L'automobiliste imprudent qui s'arrête au feu orange ou qui ne redémarre pas au quart de tour se fait traiter de *malaka* («connard»). Mais les choses ne sont pas si simples. *Malaka* est aussi un terme affectif qu'on utilise entre copains, comme le mot *pousti* («pédé»). Tout est une question d'intonation.

La politesse, une forme de superstition ?

La politesse passe par les mots. On se salue, on se félicite, on se congratule, on se remercie à grands coups de superlatifs et de diminutifs affectifs. Ces formules ne sont pas des mots creux, elles révèlent une attention véritable à autrui, un souci des autres. On ne s'arrête pas à soi, il faut demander des nouvelles de toute la famille.

« Si notre bonjour est devenu une formule creuse, en Grèce, c'est bien "bon jour !", et il y a d'ailleurs une manière de préciser, avec le pronom personnel, kali sou mera, *"bonjour à toi !", qui fait du plus élémentaire salut un véritable vœu »*, écrit la traductrice Jeanne Roques-Tesson, dans un numéro de la revue *Autrement* consacré à la Grèce. Elle rattache ces multiples expressions à une superstition encore très présente, surtout dans les campagnes, où la formule de politesse est une façon de conjurer le mauvais œil.

On ne se contente pas d'un bonjour. On souhaite également une bonne semaine et un bon mois. Quand on lance un simple salut *(geia sou)*, on souhaite la santé à son interlocuteur. On salue les naissances (*na sou zissei*, «qu'il te vive»), les diplômes, une nouvelle voiture ou simplement un nouveau vêtement, qu'on vous souhaite de porter *me gieia* («avec santé»).

Un tissu d'obligations sociales se crée, constitué de multiples attentions. En Grèce, on célèbre plus volontiers les fêtes que les anniversaires. À cette occasion, on invite toute sa *paréa*, son groupe d'amis, qui est presque une deuxième famille. Les Grecs sont très choqués lorsqu'ils sont invités par des étrangers, Français ou autres, et qu'on leur demande ensuite de payer leur part.

Quand on reçoit une assiette de nourriture, on doit la rendre pleine d'autres victuailles. *« On ne veut pas être en dette avec quelqu'un »*, explique Jeanne Roques-Tesson. Les obligations sociales se disent en Grèce *hypochréossi*, ce qui signifie « en dette ». Par une forme suprême de politesse, la Grèce s'est trouvée l'obligée de l'Europe. Très endettée, très obligée.

Alain Salles

LE COUP D'ŒIL DE L'EXPERTE

Il n'y a pas que les Latins qui parlent avec leurs mains. Les Grecs aussi. Et la signification de certains de leurs gestes est à étudier sérieusement avant le grand voyage en République hellénique. Ne vous hasardez pas, par exemple, à écarter vos cinq doigts en direction de votre interlocuteur. La *moutza* signifie que vous le maudissez, lui et sa famille, pendant cinq générations... Plus vous approchez votre main du visage de l'autre, plus c'est insultant. En revanche, si vous avez fait une bourde, vous pouvez retourner ce geste envers vous-même. On aura compris que vous regrettez votre bêtise. Les Grecs ont une drôle de manière de dire non : ils rejettent la tête en arrière, menton levé. Ne soyez pas étonné si, au lieu de vous répondre, votre interlocuteur se contente d'exécuter cette simple contorsion : c'est non, voilà tout. Dans les restaurants, un modeste sourire ne suffira pas à interpeller le serveur. Il faut taper dans ses mains. Ne vous inquiétez pas : cela n'a rien d'insultant, c'est seulement pratique…

Les Grecs sont formidablement accueillants, alors vous aurez peut-être la chance d'être invité à dîner chez des particuliers. Dans ce cas, ne débarquez surtout pas avant 21 heures, voire 22 heures. Il est fort possible que vos hôtes vous demandent de mettre la table avec eux. Ne restez pas les bras ballants, et n'ayez aucune inquiétude : ici, rien de sophistiqué, une nappe, des serviettes en papier, un panier pour les couverts et le pain, et l'affaire est dans le sac. Les cure-dents sont indispensables, profitez-en pour les utiliser sans façon ! Tous les mets, de l'entrée au dessert, sont posés en même temps sur la table. Cela permet aux hôtes de profiter de leurs convives sans avoir à se lever. Et puis, tenez-vous prêt : on ne refuse jamais un plat ou un verre, même si on est au bord de l'explosion ou déjà un peu trop gris.

Si vous êtes à cheval sur les horaires, vous risquez d'être surpris… voire de frôler l'ulcère. Sachez qu'en Grèce, avoir une heure de retard est fréquent, c'est presque une coutume. Ne soyez pas étonné si le rendez-vous que vous attendiez en écumant de rage s'excuse à peine ! D'ailleurs, il est de bon ton qu'un homme d'affaires garde toujours le sourire. Il est même bien vu d'apporter un petit cadeau à l'occasion d'une première rencontre. Votre interlocuteur vous tiendra en haute estime si vous avez cette délicate attention.

HONG KONG & TAÏWAN
Soyez gentil, allez éternuer plus loin !

Regrettable et mémorable boulette que celle de ce jeune cadre français d'une grande maison de luxe qui, plein de bonnes intentions à la suite de son affectation à Taïwan, saluait gaiement ses employés le matin et les arrosait de bruyants *«Zao an»* en parcourant les bureaux. Se trompant légèrement sur la prononciation du *zao*, ce qu'il imaginait être un amical «bonjour» n'était autre qu'une énorme insulte.

Devant les airs consternés et les visages qui s'allongeaient de jour en jour, une courageuse assistante osa mentionner le quiproquo à son patron, au risque de lui faire perdre la face. Du point de vue taïwanais, la modestie est une qualité essentielle et une forme de politesse bien plus appropriée et respectable que l'approche extravertie et conviviale à l'occidentale...

Efficacité avant tout
À Hong Kong, où cent cinquante ans de présence britannique n'ont laissé qu'une trace discrète d'étiquette royale, l'un des préceptes de base est sans doute de ne pas confondre efficacité – l'obsession locale – et

grossièreté; même si l'étranger a parfois des raisons de s'y tromper. Il ne faudrait surtout pas prendre mal, par exemple, le fait que, à l'instant où vous vous en approchez, la porte de l'ascenseur se ferme devant votre nez, sous le regard distrait et indifférent d'un élégant ou d'une élégante, qui maintiendra son index fermement tendu sur la touche de fermeture rapide des portes. C'est un réflexe local auquel certains expatriés avouent avoir succombé, sous prétexte de rejoindre leur étage au plus vite. «L'autre», en tant qu'inconnu, ne représente rien ou presque, selon de vieux préceptes confucéens qui identifient précisément les gens méritant respect et attention.

C'est encore par souci d'efficacité que, dans certains restaurants, on vous apporte l'addition bien avant que vous en ayez exprimé le souhait, ou qu'un taxi vous dépose à cinquante mètres de votre destination, vous expliquant qu'il devrait faire un tel détour pour arriver au but que ce ne serait une bonne affaire ni pour lui ni pour vous... L'efficacité est donc la règle d'or. Elle justifie toute entrave à ce que les Occidentaux pourraient considérer comme des gestes élémentaires de politesse ou de bienséance. Fort de ce principe, il est normal de répondre au téléphone à tout moment, même sans s'éloigner. Il est inutile de prétendre à la discrétion ou à l'agacement pressé pour tapoter quelques messages quand l'envie vous en prend. De même qu'il est courant de voir un invité quitter la table en cours de repas s'il s'y ennuie. Les repas de mariage ont cela de pratique que, dès le dernier plat servi et goûté, la plupart des convives libèrent la salle en un temps record.

Et quelques règles d'étiquette

Bien sûr, il existe aussi quelques pures conventions. On tend sa carte de visite à deux mains, quitte à devoir tout lâcher pour l'exercice. On félicite les personnes âgées même les plus frêles de leur formidable santé. Depuis la série d'épidémies (SRAS, H1N1, etc.), Taïwanais et Hongkongais ont développé de nouveaux codes de politesse sanitaire non dépourvus d'un sens collectif utilitaire. Il est ainsi extrêmement inconvenant de prendre les transports collectifs ou d'aller travailler enrhumé sans porter de masque devant la bouche et le nez. Si un vendeur s'excuse soudain et s'éloigne de plusieurs mètres en courant, c'est sans doute tout simplement pour éternuer, ce qui est considéré comme bien plus inconvenant que de roter bruyamment ou de se racler la gorge.

On évitera absolument les cadeaux à consonance mortifère. Les fleurs sont à manier avec précaution et, à Taïwan, le foulard, cousin proche du mouchoir, lequel est associé aux larmes et donc aux décès, est le pire cadeau possible qu'un homme, même des plus polis, puisse faire à une femme.

Florence de Changy

LE COUP D'ŒIL DE L'EXPERTE

Si vous êtes en affaires avec une entreprise hongkongaise, il est probable qu'on vous invite au restaurant. En tant qu'étranger, vous serez l'invité d'honneur, et en tant que tel vous devrez vous installer en face de votre hôte et loin de la porte d'entrée. La deuxième personne la plus importante doit s'asseoir à la gauche de l'invité d'honneur et celle ayant le plus d'ancienneté à sa droite.

Ne soyez pas surpris de croiser dans la rue deux garçons ou deux filles se tenant par la main. C'est un signe d'amitié, rien de plus. En revanche, se cajoler en public serait plutôt malvenu pour un couple… À Hong Kong, on n'aime pas non plus les grandes tapes dans le dos, ni même qu'on effleure seulement l'épaule. Gardez vos distances, et tout se passera bien.

À Hong Kong, on fume beaucoup. On vous offrira toujours une cigarette avant d'en allumer une, et bien entendu vous devez faire de même. Si vous êtes allergique à la fumée, prenez sur vous ! Vous donneriez une image d'intolérance déplaisante aux yeux des Hongkongais. Ne dites donc jamais que vous êtes gêné par le tabac et ne manifestez aucun signe d'agacement. En revanche, ne proposez pas de cigarette à une femme. Elle ne fumera jamais dans un lieu public, c'est déplacé.

Si vous êtes invité à dîner chez un Taïwanais, il prouvera son enthousiasme en vous proposant plusieurs fois de suite les plats servis. Ne vous jetez pas immédiatement sur la nourriture et prenez votre temps : sachez que refuser d'être resservi serait très impoli…

INDE

Questions à ... Frédéric Bobin

Comment se salue-t-on en Inde ?

Le salut indien, c'est d'abord le «*Namasté!*». On prononce le mot en joignant les mains au niveau de la poitrine et en inclinant légèrement le buste. Avantage précieux : la distance physique est préservée. Dans les campagnes, le salut peut s'accompagner d'une marque d'humilité encore plus appuyée : se baisser et toucher le pied de la personne saluée. Chaque fois, le mot *Ap* accompagnera avec insistance le jeu des questions-réponses. Le rituel se décline bien entendu différemment selon les castes. Quand un brahmane croise un membre d'une basse caste, il ne lui viendra pas à l'idée de se courber pour lui toucher le pied. Dans ce face-à-face hiérarchique, le *Ap* (vous) peut même disparaître au profit du *Tu* (tu) plus familier. Toutefois, une famille brahmane bien éduquée conservera le *Ap*, y compris avec ses domestiques.

En ville, la poignée de main se généralise sur les lieux de travail. Entre amis, on peut même s'adonner au *hug*. Ce sera surtout le cas dans les bars ou les soirées privées branchées.

Quels sont les tabous, les impairs à ne pas commettre ?

Les Français devront réprimer leur culture de la bise, surtout en public. Dans les campagnes, bien des touristes en short et aux bras nus – surtout s'il s'agit de filles, bien sûr – provoquent l'effroi des villageois. L'idée d'incorrection joue d'ailleurs dans les deux sens. Dans les villes, les touristes étrangères, même correctement vêtues, sont souvent confrontées à des regards masculins fixes et lourds, qui relèvent autant de la curiosité que de la concupiscence. L'Inde est une société sexuellement très réprimée où les relations physiques sont difficiles avant le mariage. Autre terrain à déminer, les usages de l'hospitalité. On ne refuse jamais un thé offert par un hôte, il s'en offenserait. Lors d'un repas, un invité poli refusera en général un plat qu'on propose de lui resservir. Même s'il en meurt d'envie, il vaut mieux décliner l'invitation. *« Dans le cas contraire, il apparaîtra comme un pauvre qui doit se contenter de plats modestes chez lui »*, commente une Indienne de New Delhi. L'hôte ne sera pas dupe de ce refus de façade et il insistera à plusieurs reprises, l'invité feignant finalement de céder à la sollicitation. Bien des Indiens invités à des dîners en Occident ont été choqués que leur refus de pure forme ait été pris pour argent comptant. Ils quittent en général les soirées affamés !

Quels sont les aspects les plus surprenants dans les comportements et le savoir-vivre indien ?

Le premier contact de l'Occidental avec la rue indienne tient de l'épreuve. Des hommes qui urinent contre un mur, des crachats ponctuant de bruyants raclements de gorge, des voitures manquant de renverser les piétons, des gens pressés vous brûlant la politesse devant un guichet... Il faut du temps avant de surmonter le malaise et de dépasser les apparences.

On apprend alors que les usages sont un mélange de franchise et d'ambiguïté. La franchise : dans la conversation qui suit le *Namasté* inaugural, l'interlocuteur pose moult questions, y compris les plus indiscrètes : le salaire que vous gagnez, votre statut marital. C'est ainsi : il faut fixer la position sociale et familiale de l'autre, le caser dans la hiérarchie. L'ambiguïté est encore plus désarmante. En guise de réponse à une question, l'Indien dodeline de la tête dans un geste dont on ne sait s'il signifie «oui» ou «non». Car on ne dit jamais franchement «non» en Inde. C'est inconvenant. Lorsqu'on invite des amis indiens à une soirée, même s'ils n'ont pas décliné l'invitation, il vaut mieux savoir qu'on risque de les attendre en vain. Dans la rue, on préférera vous indiquer une fausse direction plutôt que d'avouer qu'on ne sait pas. Si un Indien vous dit «oui», il ne faut surtout pas s'en satisfaire. Le mieux est de contourner la généralité et de passer aux questions pratiques. Enfin, il ne faut pas se formaliser si un Indien dit rarement merci. Un service rendu sera forcément retourné. Les Indiens adorent construire des relations de longue durée. Un merci insistant pourrait apparaître comme une ruse verbale substituant l'instantané au durable, une tentative de s'affranchir tout de go du rapport d'obligeances rituel.

LE COUP D'ŒIL DE L'EXPERTE

Lorsque des Indiens se rencontrent et veulent discuter, ils préfèrent s'asseoir. Rester debout quand son interlocuteur est assis serait un manque de politesse, car cela voudrait dire qu'on a le dessus sur lui. Quand on veut, par exemple, obtenir des renseignements précis, il vaut toujours mieux prendre un peu de temps pour se poser et discuter tranquillement. Si vous vous asseyez par terre, n'étendez jamais vos jambes. Gardez-les bien pliées et, surtout, n'enjambez jamais quelqu'un.

Ne touchez ni ne respirez jamais les fleurs ou les plantes odorantes destinées aux offrandes, vendues dans les rues ou au marché. En effet, il est impossible d'offrir aux dieux un présent qui a déjà servi. Il en est de même pour les guirlandes colorées qu'on trouve sur les tableaux de bord des voitures ou sur les autels dressés ici ou là : en les touchant, vous les rendriez impurs.

ISRAËL

L'amabilité pour compenser la violence

« La politesse israélienne ? C'est un oxymore ? » La remarque émane d'une jeune femme qui a passé un an à Jérusalem : c'est court pour affirmer que les Israéliens ont, de la politesse, une conception... rustique. Le pharmacien Joël Dreyfuss, lui, vient de fêter sa trentième année dans la Ville sainte, après vingt ans à Strasbourg. L'été 2010, il est revenu en Alsace. Et dans les magasins, il a fait une sacrée expérience.

À l'israélienne, il a dit : *« Je veux ! »* Un commerçant a refusé de le servir, avec cette leçon de politesse : *« Ici, Monsieur, on dit "bonjour", "s'il vous plaît", "merci" et "au revoir" ! »* Joël Dreyfuss était abasourdi : *« Je me suis rendu compte,* explique-t-il, *à quel point j'étais devenu un barbare ! »*

Contrairement à l'anglais, qui ne connaît pas le « tu », l'hébreu est dépourvu de « vous ». Cela a des conséquences : pas de barrières sociales, pas de marques de respect, et peu de signification pour les notions de politesse ou de courtoisie. À l'école, les professeurs ont abdiqué : les élèves ne disent pas bonjour, ne demandent pas la permission pour prendre la parole et se lever. Ils imitent leurs aînés : dans les magasins, la plupart des Israéliens apostrophent, bousculent, font en sorte de passer devant la personne arrivée avant eux.

Règle numéro un : ne pas en avoir

Les Européennes et les Juives ashkénazes (originaires d'Europe) fraîchement arrivées s'habituent : personne ne leur tiendra la porte, personne ne s'effacera pour les laisser passer, et un mari obligeant qui ouvre la portière de la voiture verra les badauds s'arrêter, un sourire ironique aux lèvres.

La voiture ! Règle numéro un : ne pas en avoir (de règles). Le reste va de soi : conduire brutalement, ne pas utiliser son clignotant, dépasser à droite, ne jamais être avare en queues de poisson... *« C'est vrai*, reconnaît ce diplomate israélien, *que notre réputation en matière de politesse n'est pas des plus flatteuses. Disons que les relations sont très directes et informelles. »*

C'est un euphémisme : un Israélien qui sonne à l'improviste n'hésitera pas à entrer dans le salon, à s'asseoir dans un fauteuil, à demander à faire le tour du propriétaire, voire à s'enquérir de la valeur du logement. Invité à un mariage, il a tendance à s'incruster pour le dîner, même s'il n'est pas invité. Et il n'hésite pas à venir accompagné de ses enfants...

L'éthique des kibboutz

Ce rejet du formalisme (assimilé à de l'hypocrisie) est lié à l'éthique des kibboutz : les kibboutzniks sont par principe égaux, ils se livrent aux tâches les plus ingrates, et il n'est pas question pour eux de traiter quiconque en supérieur. Ces us et coutumes se retrouvent dans l'armée ou le monde du travail et imprègnent les comportements.

Un dessin est resté fameux : on voit deux Juifs allemands travailler la terre, en se proposant mutuellement une bêche, avec ce dialogue : «*bitte schön*», «*danke schön*», «*bitte schön*», «*danke schön*»... («s'il vous plaît», «merci», «s'il vous plaît», «merci»)... Cette propension à se moquer de la politesse des «yéké», les Juifs allemands arrivés en Israël dans les années 1930, perdure.

La politesse, c'est petit-bourgeois, cela n'a rien à voir avec l'esprit des pionniers. Qui plus est, Israël est un «pays en guerre», qui n'a pas de temps à perdre avec de telles superficialités. Mais le tableau n'est pas si sombre. Une remarque souvent entendue : «*Les Israéliens sont chaleureux, foncièrement solidaires, ils s'entraident, se rendent service.*» C'est pour cela qu'on appelle ceux nés en Israël les *sabras*. C'est le nom du fruit du cactus : piquant à l'extérieur, il est réputé doux à l'intérieur.

Laurent Zecchini

LE COUP D'ŒIL DE L'EXPERTE

La franchise est la norme à Tel-Aviv : si on n'est pas d'accord avec vous, on vous le fera savoir. N'hésitez pas à rétorquer, cela ne posera aucun problème. Les Israéliens aiment le débat. Inutile d'être timide, posez les questions qui vous taraudent, ils vous répondront sincèrement.

Lorsqu'on est invité à dîner, on apporte un petit cadeau : fleurs, bouteille de vin ou bien des chocolats. Si les Israéliens peuvent paraître abrupts, ne vous en offusquez pas, ils savent aussi être des hôtes extrêmement accueillants.

Il y a une dizaine d'années, le ministère du Tourisme israélien a rédigé une lettre qui devait être remise à tous les touristes partant pour l'étranger. Dans cette missive, il demandait aux Israéliens de donner une bonne image de leur pays, tant elle avait été écornée par des citoyens plutôt brutaux et discourtois en voyage. Diplomatie oblige, il engageait chacun à respecter les bonnes manières et le savoir-vivre en débarquant en terre étrangère. Avouons qu'il reste encore de quoi faire.

Les Israéliens se présentent par leur prénom, même à la toute première rencontre. En revanche, ils s'adresseront à vous en vous appelant Monsieur ou Madame jusqu'à ce que vous leur demandiez, à votre tour, de vous appeler par votre prénom. Les relations seront alors bien plus cordiales.

La ponctualité n'est pas vraiment la tasse de thé des Israéliens. Lorsqu'on vous donne un rendez-vous, attendez-vous à patienter un quart d'heure, voire vingt minutes. Et n'espérez pas qu'on vous présente des excuses, ce n'est pas le genre de la maison. Ne soyez pas, de votre côté, trop courtois, cela serait pris pour un manque de confiance en vous !

ITALIE

Quoi de neuf, dottore ?

La première fois, surpris, on se retourne pour voir si quelqu'un derrière soi ne mériterait pas mieux l'honneur de ce titre; la seconde, on tente d'expliquer qu'on ne possède aucun diplôme universitaire qui le justifie; la troisième fois, on y prend goût. Pour avoir droit à se faire appeler *dottore* en Italie, il faut avoir obtenu une *laurea*, un diplôme sanctionnant quatre années d'études après la *maturità* (baccalauréat). À défaut, le port de la cravate (pour les hommes) et d'une serviette en cuir fera de vous un très acceptable *dottore* aux yeux d'un chauffeur de taxi ou d'un barman, par exemple.

République récente (1948), l'Italie raffole des titres. Aux côtés des princes et marquis de l'ancien régime sont apparues une kyrielle de distinctions sanctionnant le niveau d'études ou la profession : *dottore* ou son équivalent féminin, *dottoressa*, *perito* pour les diplômés en chimie ou en génie naval, *avvocato* («avocat»), *professore* («professeur»), *maestro* («maître d'école» ou «artiste»), *geometra* («conducteur de travaux»), *ingegnere* («ingénieur»), *architetto* («architecte»), etc. Les députés ont aussi leur titre : *onorevole* («honorable»), même s'ils ne le sont pas toujours...

Une distinction pour chacun

Cet usage est si répandu que certains titres suffisent à identifier celui qui le porte. Ainsi celui de *Cavaliere* («chevalier du travail», accordé par le président de la République) suffit à identifier Silvio Berlusconi. Son rival, Carlo De Benedetti, qui vient d'être condamné à verser 560 millions d'euros dans l'affaire Mondadori, est l'*Ingegnere*. Gianni Agnelli a été sa vie entière l'*Avvocato*, quand bien même il n'a jamais exercé. Enfin, on pouvait s'adresser à Enzo Ferrari, le fondateur de l'entreprise, en l'appelant *Commendatore* («commandeur»).

À chacune de ces distinctions est associée une formule de politesse particulière, du moins à l'écrit. Un *dottore* peut ainsi devenir *egregio* («remarquable»), *pregiato* («estimé») ou encore *spettabile* («estimé»), quand un simple *signor* («monsieur») est qualifié de *gentile* («gentil»). Carrément cire-pompes, il convient de s'adresser à un recteur en faisant précéder son nom de *magnifico* («magnifique»). À tous ces adjectifs déjà laudatifs on peut également ajouter le suffixe *issimo* qui amplifiera encore la portée de vos bons sentiments ou de votre intérêt.

Jeu de rôles?

«Cet usage des titres académiques qui n'est pas propre à la Péninsule est une survivance d'une époque où les Italiens diplômés de l'enseignement supérieur étaient rares, explique Antimo Farro, professeur de sociologie à l'université de Rome. *Aujourd'hui, le prestige qui y est attaché est moins important. Mais cela reste une manière de gratifier ou de flatter son interlocuteur.»*

Dans son blog *Andiamo*, Ève Mongin, une Française impertinente et observatrice installée à Pérouse (Ombrie), remarque que l'usage des titres a du mal à se décliner au féminin : «*Dommage*, écrit-elle, *qu'un avocat de sexe féminin comme votre humble servitrice* [sic] *se fasse appeler* dottoressa *ou* signora *par certains clients, alors que le stagiaire mâle qui l'accompagne se voit qualifié, lui, d'*avvocato.»

Il ne faut toutefois pas imaginer la société italienne cloisonnée entre les diplômés et les non-diplômés, où les uns seraient vassalisés par les autres. Ce chauffeur de taxi ou ce barman romains qui vous donnent du *dottore* long comme le bras en espérant un pourboire à la mesure de leur flagornerie peuvent tout aussi bien se mettre à vous tutoyer au bout de quelques minutes, pour peu que la conversation devienne légère et plaisante. Comme si tout cela n'était qu'un immense jeu de rôles.

Philippe Ridet

LE COUP D'ŒIL DE L'EXPERTE

Des Italiens, on n'aime pas seulement la bonne humeur, mais aussi l'élégance. Ils sont chics, toujours impeccables, manière de se respecter et aussi de respecter les autres. C'est ce qu'ils appellent «*la bella figura*». En Italie, faites donc un petit effort. Troquez vos tenues négligées pour une allure soignée. Fignolez particulièrement les chaussures. Les *scarpe* italiennes doivent toujours être parfaitement cirées. Les Italiens n'en font pas un mystère, ils adorent les beaux souliers.

C'est une offense de refuser une invitation à dîner en Italie. Débrouillez-vous pour être libre ce soir-là. Et n'arrivez pas à 20 heures, vous dérangeriez vos hôtes. Non, en Italie, le dîner ne se prend jamais avant 22 heures, et encore. La *pasta* se fait donc attendre. Lorsque enfin elle vous sera servie, n'utilisez jamais une grande cuiller, comme dans les pizzerias françaises. C'est le comble de la vulgarité ! Les spaghettis se mangent à la fourchette. Un point, c'est tout.

Le moins que l'on puisse dire, c'est que les Italiens ne sont pas très à cheval sur les horaires. Si vous êtes en retard à un rendez-vous, ne paniquez pas. Il y a de fortes chances pour que vous soyez tout de même le premier arrivé.

Si les Italiens «sont des Français de bonne humeur», comme disait Cocteau, ils peuvent aussi s'énerver rapidement lorsqu'ils sont au volant. Pour tous ceux qui ne sont pas entraînés à se faire rabrouer lorsqu'ils circulent en voiture, il va falloir vous habituer. Les insultes fusent et les automobilistes n'hésitent pas à se servir de leur klaxon. Le meilleur remède ? La marche à pied. Les demoiselles doivent alors s'attendre à des sifflements et autres compliments, toujours bon enfant. Un hommage finalement pas si désagréable…

JAPON
Le cérémonial de la courbette

« Je vous remercie d'avoir utilisé nos services et je vous prie de bien vouloir me présenter vos billets. » À l'entrée du wagon, le contrôleur a enlevé sa casquette, prononcé ces quelques mots, puis il s'est incliné avant de commencer son travail. Il ne réveillera pas le dormeur. La vérification terminée, nouvelle courbette avant de tourner les talons. La courtoisie au Japon commence dans le service : le sourire, la déférence et les remerciements, que l'on ait consommé ou non, sont de mise. Quant à la vendeuse d'un grand magasin, elle n'hésitera pas à se déplacer pour indiquer au client le rayon qu'il cherche.

Les courbettes sont le rituel de politesse quotidien le plus remarqué des étrangers – souvent non sans une ironique condescendance. Elles sont codées : l'inclinaison est plus ou moins longue et profonde selon le statut social des personnes qui se saluent.

À chaque situation son code

Société formaliste, le Japon a l'un des codes de politesse parmi les plus élaborés qui soient, en dépit de l'occidentalisation apparente des comportements. Il y a une étiquette pour presque toutes les conduites personnelles, en fonction du rang, de l'âge, du sexe et des situations. La politesse s'exprime dans le langage (mots, expressions, tournures de phrase de déférence ou d'humilité situent le rapport à l'autre) comme dans ce long échange de « banalités » qui ponctuent une première rencontre.

Le début d'un repas est généralement marqué par une formule *(itadakimasu)* de remerciements qui s'adresse aux divinités ou à celui qui l'a préparé.

Les échanges de dons – cadeaux ou enveloppes contenant de l'argent, à la décoration particulière selon les circonstances – sont aussi codés. Autant que le contenu, c'est l'emballage qui compte : l'art du paquet sera l'expression du goût, du raffinement de celui qui offre. Le protocole de présentation du cadeau est accompagné d'une formule dépréciative *(« un petit rien »)* et le paquet ne sera pas ouvert en présence de celui qui l'a offert. La fin d'une visite sera marquée de formules d'excuses pour l'embarras causé – même s'il n'en est rien.

Considération, pas empathie

Ce code complexe de politesse – il n'est pas attendu d'un étranger qu'il en connaisse les arcanes – reflète une conception de la société dans laquelle l'individu se positionne par rapport aux autres et cherche à adapter son moi à une situation, non à l'imposer. Au lieu de se référer à une norme supposée universelle ou transcendante (idéal, Dieu), l'individu japonais se donne pour repère le contexte social – loin de l'égotisme surestimant l'autonomie individuelle du moi, « micro-tout » supposé maître de ses choix.

Le code de politesse nippone n'est qu'une forme : il ne s'inscrit en rien sur le registre de la « sincérité » ou de l'excessive humilité. Il se veut une expression de considération pour l'autre, non d'empathie.

L'étiquette vise ici, grâce à la minutie de ses codes, à maintenir le lien social par des conduites appropriées et à introduire une pondération dans les relations entre personnes. Elle peut être pesante. Des jeunes s'en détournent ou se perdent dans les formules de politesse. Le rituel des emballages, grand consommateur de papier, est en outre peu écologique…

Tout évolue. Mais demeure la question posée par Roland Barthes dans *L'Empire des signes*, à son retour du Japon : « *Pourquoi un rapport informel est-il plus souhaitable qu'un rapport codé ?* » « *Être impoli, est-ce être vrai ?* »

Philippe Pons

LE COUP D'ŒIL DE L'EXPERTE

On ne s'étonnera guère que les Japonais aient été élus les touristes les plus polis du monde. La politesse est inscrite dans leur culture, apprise aux enfants en même temps que les lettres de l'alphabet. Les codes de savoir-vivre japonais sont si subtils qu'une vie ne suffirait sans doute pas à les connaître tous. Mais pas d'inquiétude, un Japonais ne s'offusquera pas de votre ignorance. Sauf si, bien sûr, vous vous jetez dans ses bras pour le saluer. Point de *hug*, donc, juste une courbette…

Mon Dieu comme la terre est basse ! Dans les restaurants traditionnels japonais, vous ne dînerez pas assis à l'occidentale, mais bel et bien à même le sol. C'est ainsi. Les femmes, et les femmes seulement, plieront leurs jambes sur le côté. Les hommes seront à genoux, mais si cela vous paraît vraiment trop inconfortable, la position en tailleur est acceptée. Attention, ne tendez jamais vos jambes : on ne pointe pas ses pieds sous le nez de ses hôtes, c'est terriblement mauvais genre. Encore une chose : ne croisez pas vos baguettes sur la table et ne les plantez pas non plus dans votre bol de riz, ces gestes sont considérés comme déplacés. En revanche, aspirer bruyamment vos nouilles n'est pas un manquement au savoir-vivre, mais une coutume nationale qui a pour objectif de ne pas se brûler. On vous saura même gré de tenter d'être plus japonais qu'un Japonais. Profitez-en.

Au Japon, on ne prend pas un bain pour se laver mais pour se détendre. On fait donc d'abord sa toilette sous la douche, avant de se plonger dans la baignoire. L'eau du bain servant pour toute la famille, elle doit rester aussi claire que possible. On n'ajoute pas d'eau froide non plus, car le bain doit rester à bonne température pour les utilisateurs suivants.

Il est bienvenu d'offrir un petit cadeau lorsqu'on est convié chez des Japonais. Attention pourtant de ne pas en apporter quatre. Ce chiffre est un symbole de mort pour les plus superstitieux. Vous risqueriez de gâcher un moment agréable !

Les jeunes filles comme il faut savent qu'on ne rit jamais à gorge déployée sans mettre la main devant sa bouche. Si d'aventure elles oubliaient de le faire, les Japonais les classeraient immédiatement dans la catégorie «peu fréquentable».

Surprenant pour ces spécialistes du savoir-vivre que sont les Japonais : ils oublient toute forme de politesse dans les trains ou les métros bondés. Si une personne âgée entre dans un wagon, personne ne se lèvera pour la faire asseoir. Au contraire, les voyageurs seront, comme par enchantement, absorbés par leur lecture ou pris d'une soudaine envie de dormir.

MAURITANIE

Questions à... Pierre Lepidi

Comment se salue-t-on, en Mauritanie ?

Tout dépend de la communauté à laquelle on appartient : Maures ou Négro-Mauritaniens. Les Maures ont une très émouvante façon de se dire bonjour. Après s'être serré la main, ils se prennent dans les bras en posant leur tête sur l'épaule de l'autre. Un Maure n'embrassera pas une dame. Pour la saluer, il fera un petit signe de tête. Les Négro-Mauritaniens sont beaucoup plus ouverts. S'ils connaissent bien une femme, ils l'embrassent volontiers sur les joues.

Qu'est-ce que « les salamalecs » ?

Après s'être dit bonjour, les Mauritaniens qui vivent dans le désert se demandent mutuellement des nouvelles : « Comment vas-tu ? », « Et tes enfants ? », « Et ton oncle ? »... Cela peut durer jusqu'à dix minutes. À l'origine, c'était une façon de faire le plein d'informations en un minimum de temps. Les hommes du désert ne se croisaient qu'une fois par an. Ils voulaient savoir comment cela se passait chez les autres, et surtout connaître le point d'eau le plus proche. Aujourd'hui, ce rituel, puisque c'en est un, a perduré. Mais on ne s'écoute pas vraiment : les questions sont prononcées machinalement et les réponses, au fond, n'intéressent pas plus que ça l'interlocuteur.

Y a-t-il des sujets tabous ?

La Mauritanie est un pays très tolérant. Les femmes conduisent, fument, ont un travail. Elles sont protégées, et si un homme les bat, il va directement en prison. Mais c'est un pays islamique, alors attention à ne surtout pas parler sexe devant une dame ! Les hommes, en revanche, n'hésitent pas à aborder le sujet, et tout ce qui touche à la sexualité est totalement banalisé. Attention aussi à ne pas dire qu'on est athée. Les Mauritaniens sont très curieux de connaître la religion des gens, et comprennent très bien qu'on se dise catholique. En revanche, ne pas avoir un Dieu leur semble aberrant. Si vous avouez que vous ne croyez en rien, sachez que vous perdez des points auprès d'eux...

Les Mauritaniens sont-ils disciplinés ?

Non, leur devise pourrait être « Pas de contrainte » ! Ils n'ont aucun sens de la discipline lorsqu'ils conduisent, beaucoup moins que dans les autres pays d'Afrique. À Nouakchott, la capitale, c'est le chaos. Quand il arrive qu'on croise un feu rouge, il ne sert en général strictement à rien, d'ailleurs certains conducteurs n'hésitent pas à grimper sur le trottoir pour le contourner ! Le policier en faction est connu de tous, il salue les automobilistes et ne relève jamais de faute de conduite. Il ne faut pas oublier que la sédentarité des Mauritaniens ne date que des années soixante. Ils ont la mentalité des hommes du désert, habitués à parcourir des centaines de kilomètres sans jamais être astreints à quoi que ce soit. Alors un malheureux feu rouge... Les Mauritaniens n'ont pas plus de respect pour les détritus, qu'ils jettent allègrement un peu partout dans la rue. Respecter la nature est le cadet de leurs soucis.

Sont-ils sévères avec leurs enfants ?

Oui, d'ailleurs les enfants sont très bien élevés et ils rendent volontiers service. S'ils voient une personne âgée chargée de sacs, ils vont spontanément l'aider. Et s'ils ne le font pas, la personne âgée en question se chargera de leur demander. Il n'y aura alors aucune discussion, aucune hésitation. Il m'est arrivé de traverser le pays en voiture avec des enfants très petits. Je ne les ai jamais entendus se plaindre ou pleurer. Ils sont imperturbables.

Les Mauritaniens sont-ils accueillants ?

C'est l'un des pays les plus accueillants qui soient. On y est reçu comme un prince. Lorsqu'on est invité, on n'apporte rien, sauf éventuellement des sodas ou des jus de fruits, jamais d'alcool bien sûr. On vous sert parfois le *zrig*, du lait caillé de chamelle coupé avec de l'eau et du sucre, une boisson incroyablement désaltérante. Puis on mange dans un plat commun. Souvent, les enfants coupent les meilleurs morceaux et les poussent devant les invités. Depuis leur plus jeune âge, ils connaissent l'importance de l'hospitalité.

Y a-t-il un travers qui vous agace en Mauritanie ?

Il faut savoir que les Mauritaniens sont systématiquement en retard à leurs rendez-vous. C'est ce qu'ils appellent «le quart d'heure mauritanien» – qui se révèle plutôt une heure, en réalité ! Il est préférable de ne jamais donner rendez-vous dans la rue. Il vaut mieux se retrouver dans un lieu fixe, sinon on risque de voir sa patience mise à rude épreuve. La République islamique de Mauritanie se dit RIM. Mais RIM veut dire aussi... «Rien n'est Impossible en Mauritanie» !

LE COUP D'ŒIL DE L'EXPERTE

Le cérémonial des trois thés est très important. Les Mauritaniens boivent du thé toute la journée, en trois étapes. Ils prennent d'abord un thé «amer comme la mort», puis un thé «doux comme la vie», et enfin un thé «sucré comme l'amour». Dans les administrations, un employé est spécialement chargé de préparer et de servir ces thés. À la maison, ce sont en général les femmes et les enfants qui s'en occupent.

MEXIQUE

L'énigme du « oui » mexicain

À Mexico, demander son chemin tourne parfois au jeu de piste. *« C'est par là »*, lâche volontiers l'homme de la rue, sans se soucier de la véracité du renseignement. Mieux vaut croiser l'information auprès d'un tiers, cela vous évitera des déconvenues dans cette ville tentaculaire de plus de 20 millions d'habitants. *« Les Mexicains ne savent pas dire non »*, explique Olivier Soumah-Mis, consultant en management interculturel.

Aimable et attentionné, le *caballero* («gentleman») tutoie tout le monde, les vendeurs dans les magasins, ses clients et même ses supérieurs hiérarchiques. Le vouvoiement est une marque de distance respectueuse qui ne s'utilise qu'avec une personne âgée ou un haut dignitaire. Mais s'il est familier, le Mexicain n'en est pas moins courtois en toutes circonstances. *Muchas gracias* («merci beaucoup»), *muy amable* («très aimable»), *con permiso* («avec votre permission»), dit-il couramment dans les lieux publics. Si quelqu'un éternue, l'incontournable *Salud* («à vos souhaits») entraîne automatiquement un *gracias* de l'intéressé. Idem pour le *buen provecho* («bon appétit»), lancé à la cantonade en entrant dans une *fonda*, cantine familiale.

Amabilité de façade

Même souci de l'autre dans les relations professionnelles ou amicales. *«Mi casa es tu casa»* («ma maison est la tienne») ponctue souvent une première rencontre. *«Attention, c'est loin d'être une invitation, juste une pure convenance»*, avertit Katia Villafuerte, psychosociologue à l'Institut technologique de Monterrey.

Cette amabilité de façade remonterait à la colonisation. *«L'impératif de maintenir l'harmonie de la relation vient du sentiment d'infériorité de l'Indien envers le colon,* explique-t-elle. *Aujourd'hui, on continue de répondre à une sollicitude par* "a sus ordenes" *(à vos ordres).»* Cette identité, entre rejet et fascination de l'héritage espagnol, a été finement décrite par Octavio Paz dans *Le Labyrinthe de la solitude* (éditions Gallimard). Le célèbre auteur mexicain compare cette volonté de sauver les apparences à *«un masque qui, en même temps, nous exprime et nous étouffe»*.

Plutôt sympathique, ce comportement singulier peut néanmoins virer au casse-tête en cas de panne de voiture ou de fuite d'eau. Les garagistes et les plombiers disent souvent *«je passe* al rato*»*. Autrement dit «je passe immédiatement»… aussi bien que «dans une heure», «demain» ou encore… «jamais». *«Être en retard est un sport national,* décrypte Katia Villafuerte. *S'énerver serait un manque de respect. Les Mexicains marchent à l'affectif.»*

Confusions et cœurs brisés

Leurs échanges n'en sont que plus tactiles, même entre hommes. Entre amis, l'*abrazo* s'impose : les deux comparses se serrent d'abord la main puis se donnent une accolade ponctuée par trois tapes viriles dans le dos avant de se serrer de nouveau la main. *«Le geste vient de la révolution,* raconte Olivier Soumah-Mis. *Les hommes vérifiaient ainsi si leur interlocuteur était armé.»*

Avec une femme, l'*abrazo* s'accompagne d'une délicate bise sur une joue. *Cariño* (chéri), *amor* (amour), *corazon* (cœur)… Les marques d'affection ne manquent pas entre personnes de sexe opposé. Pour les étrangers, c'est la porte ouverte aux quiproquos sentimentaux. *«Un cadre français à peine débarqué a pris à la lettre les mots tendres d'une collègue mexicaine qui était juste aimable avec lui»,* s'amuse encore Olivier Soumah-Mis. Gare aux cœurs brisés par les coutumes d'un pays où la chaleur humaine est érigée en art de vivre !

Frédéric Saliba

LE COUP D'ŒIL DE L'EXPERTE

Les Mexicains ont le sang chaud et on ne saurait le leur reprocher. Sachez seulement que les dames, même lorsqu'elles sont couvertes de pied en cap, se font siffler et taquiner par les passants, accompagnés ou non. Ne soyez pas surprise et n'en prenez pas ombrage, c'est un simple hommage qu'on vous rend. Le plus étonnant, c'est que les Mexicaines sont les femmes les plus jalouses de la planète ! On imagine *las disputas*, le soir, à la maison…

Depuis bien longtemps, plus exactement depuis la guerre entre Américains et Mexicains, en 1846, les deux pays ont, comment dire, un compte à régler. Dites assez vite que vous êtes ffrançais, et tâchez d'apprendre quelques mots d'espagnol. Bref, évitez de parler anglais si vous ne voulez pas passer pour un pauvre *gringo* : on pourrait vous jeter des regards noirs et, si vous êtes dans la panade, on ne se précipitera pas pour vous venir en aide.

Quand un Mexicain croise dans la rue un bel enfant, il lui touche le crâne. C'est une façon d'éviter que le malheur lui tombe sur la tête. Attention, cette touchante tradition ne vous est pas destinée, surtout si vous avez les yeux clairs. On pourrait même vous accuser de jeter le «mauvais œil», alors contentez-vous de regarder le bambin, souriez et... fuyez.

PAYS-BAS
Sans gêne ni superflu

Historien des Pays-Bas, l'Allemand Christoph Driessen n'en est pas revenu : *« Il n'y a pas d'autre pays où une amie que vous avez invitée à votre anniversaire vous téléphone pour vous dire qu'elle n'a pas envie de venir à votre fête parce qu'elle préfère aller se promener dans les dunes... »* Une forme de politesse particulière, ou bien l'expression d'un comportement très direct auquel les étrangers vivant aux Pays-Bas ne s'habituent jamais ? Les autochtones préfèrent la première version, les non-Néerlandais la seconde...

Les finesses à l'anglaise vues comme des manipulations, les incompréhensibles conventions allemandes régissant notamment l'usage du « vous » et du « tu », la discrétion belge qui bannit l'exubérance : tout cela est étranger à la culture néerlandaise. Les Français sont, eux, perçus comme distants et trop polis, donc *« arrogants »*.

Racines calvinistes

C'est dans l'histoire du royaume, et singulièrement dans le calvinisme, que l'on trouverait les racines de ce comportement singulier : *« Le calviniste se préoccupe de l'essence des choses, de ce qui est vraiment important. Tout le reste n'est que du superflu. C'est pour cela qu'aux Pays-Bas, la politesse est vite perçue comme de l'hypocrisie »*, écrit Christoph Driessen.

On raconte qu'au XVIIe siècle, Johan de Witt – grand-pensionnaire qui fut à la tête du gouvernement de Hollande durant deux ans, quand cette puissance rivalisait avec la France et l'Angleterre – fut trahi par son secrétaire. Ce dernier livra des documents secrets aux ennemis du pays. Pourquoi ? Un motif, et un seul : de Witt l'avait obligé à être poli et à retirer son chapeau devant lui, ce que son secrétaire avait perçu comme *« une insulte mortelle »*.

Aux Pays-Bas d'aujourd'hui, le contact avec l'homme de la rue est franc, rude et, souvent, ne s'embarrasse pas du bon usage. Les distances sont rapidement abolies, soit parce que votre interlocuteur entend passer au plus vite à autre chose, soit parce qu'il juge, tape sur l'épaule à l'appui, que vous êtes entré dans le cercle de ses proches. Pour la langue néerlandaise, la distinction entre le « tu » *(jij, je)* et le « vous » *(U)* est floue, ce qui influe sans doute sur les comportements dans un pays où, en outre, la règle est de parler haut et fort. L'un des slogans favoris du populiste Pim Fortuyn fut d'ailleurs « Je dis ce que je veux ». Une provocation – souvent imitée depuis – dans le milieu politique, qui est peut-être le seul où la politesse reste codifiée.

Politesse et politique

À la Deuxième Chambre de La Haye, par exemple, les échanges entre les députés sont soumis à des conventions précises. Pour prendre la parole, les députés sont debout, souvent à plusieurs, devant le président. Celui-ci leur donne la parole à tour de rôle afin qu'ils puissent interpeller un ministre ou échanger entre eux aussi longtemps qu'il le faut. Ni diatribes, ni chahut, ni insultes : tout passe par le président qui interrompt et relance chacun à sa guise.

Le visiteur occasionnel aux Pays-Bas gardera cependant l'impression de rapports humains brutaux. En mai, une adjointe au maire d'Amsterdam a d'ailleurs plaidé pour une campagne intitulée «Pas de citoyenneté sans politesse». Elle a surtout créé la polémique : parce qu'elle est chargée du portefeuille de la diversité, son appel a été interprété comme un appui à la notion de société multiculturelle. Dès lors, il a suscité un certain nombre de commentaires très impolis...

Jean-Pierre Stroobants

LE COUP D'ŒIL DE L'EXPERTE

Évitez de vexer inutilement un Néerlandais en disant «Hollande» pour parler de son pays. La Hollande n'est qu'une province des Pays-Bas. Cette méprise ne vous paraît sans doute pas très grave, pourtant, elle risque d'en irriter plus d'un.

Les Néerlandais ne disent pas «Allô» lorsqu'ils décrochent le téléphone. Ils indiquent immédiatement leur prénom, leur nom de famille, ou les deux. La personne qui appelle doit aussi se présenter avant d'engager la moindre conversation. Si déroutant soit-il, il faut respecter ce processus. Ne pas se faire connaître d'emblée au téléphone est considéré aux Pays-Bas comme très impoli, quel que soit le correspondant au bout du fil.

Aux Pays-Bas, les tenues vestimentaires sont décontractées. On est loin, très loin du bling-bling. En revanche, ne vous attendez pas à voir des hommes et des femmes en jean sur leur lieu de travail. Au bureau, on s'habille toujours convenablement. En plein été, on acceptera que vous «tombiez» la veste, mais il serait grossier et malvenu d'aller jusqu'à retrousser vos manches...

La réglementation sur la consommation du cannabis attire de plus en plus de touristes aux Pays-Bas. Sachez que si, effectivement, vous pouvez en acheter dans ce qu'on appelle les *coffee-shops*, il existe une législation stricte dans les lieux publics : on ne consomme pas de cannabis devant des mineurs, on ne trouble pas l'ordre général. Bref, on est discret.

POLOGNE

Questions... à Piotr Smolar

Comment se salue-t-on en Pologne ?

En Pologne, pas question de se «faire la bise» quand on ne s'est jamais rencontré. La première fois, on se serre tout simplement la main. Il faut attendre d'être devenu des amis intimes pour s'embrasser. Et on se contente d'un seul baiser sur la joue, jamais deux...

Et le baiser sur la bouche, existe-t-il ?

Le fameux baiser entre Brejnev et Honecker, ce qu'on appelle «le baiser à la Russe», censé être un baiser de paix, c'est vraiment une image d'Épinal. Plus personne ne fait ça en Russie, encore moins en Pologne !

Les Polonais sont-ils accueillants ?

Aujourd'hui, le pays est très tourné vers l'extérieur. 500 000 Polonais vivent à Londres, beaucoup voyagent souvent et sont complètement imprégnés par la culture européenne. Les Polonais sont de plus en plus ouverts, et plutôt aimables avec les touristes. Certes, à la campagne, les étrangers suscitent toujours un peu de prudence. Mais pas plus qu'en France. En cela, les Polonais se distinguent des Russes, beaucoup plus méfiants. En Russie, lorsqu'on demande son chemin à un passant, il arrive qu'il marque un temps d'arrêt, voire paraisse au tout premier abord surpris d'être abordé par un inconnu…

Y a-t-il des sujets tabous en Pologne?

Pas tant que ça, mais attention, on ne plaisante pas avec Dieu ni avec la religion. Les Polonais sont toujours catholiques à 95 %, même si beaucoup ne pratiquent plus. Il faut éviter de dénigrer tout ce qui touche à la foi. Et surtout, ne jamais attaquer Jean-Paul II, une figure historique, un grand homme pour la nation tout entière.

LE COUP D'ŒIL DE L'EXPERTE

Dans l'autobus ou dans le tramway, les jeunes Polonais cèdent toujours leur place aux personnes plus âgées. Cela demande, bien entendu, une certaine psychologie : il faut éviter de vexer le voyageur ainsi honoré : et s'il ne se trouvait pas si vieux que ça ? À vous de voir…

Les Polonais sont, ô joie, restés très galants. On voit couramment les hommes tendre la main aux femmes pour les aider à descendre de l'autobus. Et même faire le tour de leur automobile pour leur ouvrir la portière, un geste parfaitement désuet dans nos contrées !

Le dîner se prend généralement tôt, vers 19 heures. Si vous êtes invité, n'arrivez pas en retard : on accepte, comme en France d'ailleurs, une marge d'un quart d'heure, pas plus. Il est bienvenu d'apporter un petit quelque chose. Si vous optez pour des fleurs, sachez qu'elles ne doivent pas être rouges et s'offrent toujours en nombre impair. En arrivant, si vos hôtes ont ôté leurs chaussures, faites de même... Alors, un conseil, vérifiez l'état de vos chaussettes ! À table, si plusieurs personnes boivent de l'alcool, le premier servi invite les autres à prendre leur verre avant d'en faire autant.

Dans la rue, ne vous attendez pas à des « bonjour », « au revoir » et « merci » sans fin. Non que les Polonais soient impolis ou particulièrement bougons, mais cela ne fait pas partie de leurs traditions. En revanche, lorsqu'on vous salue, tendez une main énergique et regardez votre interlocuteur droit dans les yeux. Le regard est important, il atteste de votre sincérité. Attendez qu'on vous le demande avant d'appeler vos interlocuteurs par leur prénom. Sinon, donnez-leur du « Monsieur » et du « Madame » (on ne dit pas « Mademoiselle » en Pologne). Et attendez toujours que la femme vous tende la main pour la lui serrer.

Dans les entreprises, les Polonais n'ont pas l'habitude de frapper avant d'entrer. Vos collègues n'hésiteront pas à débarquer dans votre bureau même si vous êtes en pleine discussion téléphonique, ne vous en offusquez pas.

Si vous êtes pressé, évitez le rituel «Comment ça va?» quand vous croisez quelqu'un. À cette question, les Polonais se feront un plaisir de vous répondre pourquoi, non, ça ne va pas, avec moult détails. Votre question innocente et de pure courtoisie risque donc d'être suivie d'une longue, très longue réponse, beaucoup plus longue que vous ne l'imaginiez.

ROYAUME-UNI
Le stoïcisme de la file d'attente

En Angleterre, si vous ne voulez pas passer pour un cuistre, il vous faudra apprendre vite et beaucoup. Par exemple, outre-Manche, on ne répond jamais «non». On préfère le «Je crains de ne pas pouvoir» (*«I'm afraid I can't...»*), tout aussi sans appel, mais en apparence tellement moins catégorique. Il vous faudra aussi, si vous êtes invité à dîner chez un autochtone, vous extasier sans ménagement sur les plats qui vous auront été servis. Un simple *«c'était très bon, merci»* passerait pour franchement désagréable. Au minimum, qualifiez le repas que l'on vous a offert de «délicieux», «brillant», «merveilleux», voire «fantastique».

On pourrait continuer cette énumération, mais comme la direction de la rédaction ne nous a commandé que 3 200 signes, il nous faut faire un choix. Et parer au plus urgent : vous éviter de commettre l'irréparable, ce que nos voisins britanniques considèrent sans doute comme le comble de la grossièreté.

Le test de la file d'attente

S'ils regardent avec une certaine tolérance ces *« Frenchies »* qui ne connaissent rien à leurs manières, il y a une faute de goût rédhibitoire aux yeux des Anglais : doubler dans une file d'attente ou, ce qui n'est pas moins impoli, y manifester son agacement à coups de soupirs et d'yeux levés au ciel. Il faut pourtant avouer que, tout au long de la journée, la tentation de se laisser aller à une certaine exaspération est grande. À Londres en tout cas, on fait la queue au moindre prétexte. Du matin au soir. Dans le métro, pour prendre un café chez Starbucks, au bureau de poste, chez le médecin, au supermarché, au pub... Partout, on peut voir des files indiennes qui ne supportent pas le désordre, où chacun attend son tour sans manifester le moindre signe d'irritation.

« Le simple fait de prendre sa place dans une file d'attente est un des éléments constitutifs de notre identité », a expliqué Phil Woolas en 2010, lorsqu'il était secrétaire d'État à l'immigration du gouvernement travailliste de Gordon Brown, et qu'il préconisait très sérieusement que tout candidat à la citoyenneté britannique soit soumis au test de la file d'attente.

Cette obsession ne date pas d'hier. Pour l'expliquer, certains invoquent les fameux bus à impériale dotés d'une seule entrée. D'autres remontent aux années d'après-guerre, quand tout était rationné.

Pour David Savage, un économiste comportemental de la Queensland University of Technology, en Australie, il s'agit là d'un phénomène plus ancien : dans une étude qu'il a réalisée en 2009 sur quatre désastres maritimes, il a observé que les passagers britanniques du *Titanic* (coulé en 1912) étaient surreprésentés parmi les 1 500 morts du naufrage. Pourquoi ? Parce qu'ils ont poliment fait la queue avant de s'embarquer sur les canots de sauvetage tandis que les Américains, eux, n'hésitaient pas à jouer des coudes pour sauver leur vie.

David Stewart-David, qui sévit à l'université de Northumbria, avance une autre explication : *« En Grande-Bretagne, un des fondements de notre civilisation, c'est le premier arrivé, le premier servi. »* L'universitaire a passé quatre années à pratiquer les files d'attente de plusieurs pays européens et à comparer les habitudes des uns et des autres : *« En Italie, par exemple, les files sont désordonnées, mais on laissera souvent une maman et son enfant passer devant tout le monde. »* Au Royaume-Uni, n'y comptez pas.

Virginie Malingre

LE COUP D'ŒIL DE L'EXPERTE

Peut-on raconter l'Angleterre sans parler de thé ? Encore faut-il connaître les subtilités de ce rite sacré. On le sait, les Britanniques ne font rien comme les autres... Du thé, ils en boivent tout le temps : au petit déjeuner, après les repas, l'après-midi, bien sûr, c'est le *five o'clock tea*, et, mais la tradition tend à se perdre, le soir avant de se coucher. Attention ! La préparation du thé est précise et minutieuse. Il faut tout d'abord ébouillanter la théière, y mettre une petite cuiller de thé pour chacun des convives, plus une pour la théière, verser l'eau, non pas bouillante *(oh my God !)* mais juste frémissante, et laisser mijoter deux à trois minutes. Surtout, il convient de verser le lait dans la tasse *avant* d'y ajouter le thé et de n'y déposer un morceau de sucre qu'à ce moment précis, pas avant. Dans cet ordre-là, je vous prie. Petite précision : le thé sera bien corsé le matin, plus léger l'après-midi. Ajoutez peut-être, à 5 heures, un scone, un muffin, une part de cake à la marmelade ou un sandwich au concombre, et vous serez plus anglais que nature.

Les Britanniques invitent rarement leurs amis chez eux, ce qui ne veut pas dire qu'ils n'aiment pas faire la fête, bien au contraire, mais ils préfèrent se retrouver au légendaire pub pour boire des pintes. Si, pourtant, vous êtes convié à un dîner, habillez-vous pour la circonstance. Apportez un petit quelque chose (avec une bouteille de vin français, vous serez sûr de votre effet), et ne soyez pas étonné si, à table, chacun a les mains posées sur ses genoux. C'est le savoir-vivre anglais, un peu différent du nôtre. Même surprise avec les fourchettes : les Anglais les disposent pointes vers le ciel (en France, c'est pointes sur la nappe, vous le saviez, n'est-ce pas ?). Cette tradition vient du fait que les armes britanniques se trouvaient toujours du côté intérieur de la fourchette (et en France, à l'extérieur).

Les Britanniques ont un sens de l'humour légendaire. Ils aiment non seulement faire rire mais aussi que l'on rie d'eux. Le flegme, sans doute. Évitez seulement de vous moquer des tenues de la reine, de leur aspect coloré et, comment dire, particulier. Non, ça, vraiment, ce n'est pas très drôle.

RUSSIE
Surtout, ne pas sourire

Est-ce parce que le bonjour russe, «*zdravstvouite!*», est si difficile à prononcer qu'il a tant de mal à venir? Lancé à un voisin, le mot ne reçoit en général aucune réponse, pas un signe de tête. L'auteur de ces lignes, installée dans le même immeuble moscovite depuis plus de cinq ans, a dû attendre deux bonnes années avant d'obtenir un franc bonjour ou un petit signe de tête de la part de ses voisins.

Le sourire est encore plus rare. En Russie, il est souvent interprété comme un aveu de faiblesse de la part de celui qui l'esquisse, ou, pire encore, comme le signe de quelque requête à venir. Il faut le savoir : la méfiance du Moscovite de base est d'autant plus en éveil que vous vous évertuez à faire apparaître vos dents.

La règle, c'est l'indifférence

«*Je déteste la façon de sourire des Américains, c'est trop mécanique... Cette denture qui apparaît, c'est animal et hypocrite*», dit Macha, quarante-cinq ans, psychologue au sein d'une ONG. «*Les Russes sourient surtout à l'aéroport, quand ils reviennent de leurs vacances à l'étranger*», fait remarquer Katia, interprète et grande voyageuse. Une plaisanterie du cru résume assez bien la situation : *«Aux États-Unis, les gens affichent sur leur visage une fausse politesse; en Russie, ils manifestent une haine sincère.»*

Au pays de Tolstoï, mieux vaut afficher un visage de marbre et parler par injonctions, il en va de votre crédibilité. Un soir de janvier, par - 28 °C, je trouve, devant la porte d'entrée de mon immeuble du quartier de l'Arbat, à Moscou, une inconnue en train de composer, en vain, le code d'entrée. J'ouvre la porte et lui fais signe d'entrer. La femme s'engouffre, fouille dans son sac. Elle veut me montrer ses papiers. *«Inutile, je vous fais confiance»*, lui dis-je. C'était le mot de trop ! En un quart de seconde, la silhouette frigorifiée se mue en procureur et pointe sur moi un doigt accusateur : *«C'est incroyable! Vous laisseriez vraiment entrer n'importe qui! Quelle inconscience!»*

Dans *La Langue russe au bord de la crise de nerfs* (éditions Znak, non traduit), l'étymologiste Maxime Krongaouz éclaire les différences de comportements. *«Deux personnes inconnues se croisent dans un immeuble ou se trouvent réunies dans un ascenseur. (...) S'il s'agit d'un Allemand, d'un Français, d'un Américain, ils vont se saluer, ce que ne feront jamais deux Russes qui ne se connaissent pas.»* Pour un Occidental, sourire ou dire bonjour est une façon de manifester ses bonnes intentions. En Russie, une telle attitude est suspecte. La règle, ici, c'est l'indifférence. Face à un interlocuteur fortuit, il faut fermer toutes les écoutilles et afficher un regard de poisson mort. Selon Maxime Krongaouz, le message est le suivant : *«Tu n'existes pas pour moi, c'est pourquoi je ne représente aucun danger pour toi.»*

Progrès relatifs

Ces dernières années, il est vrai, les règles de la politesse ont changé. Les portes battantes du métro ne vous sont plus automatiquement balancées en plein visage, les automobilistes ralentissent, voire s'arrêtent aux passages cloutés et, dans les magasins, vendeurs et caissières se fendent désormais d'un sonore : *«Zdravstvouite!»*

Supermarchés, pharmacies, compagnies aériennes, banques ont formé avec succès leur personnel à l'accueil des clients. Et voilà que le sourire a fait son apparition. Mais il ne faut pas trop demander. Les gardes-frontières, les vendeuses de tickets de métro, les chauffeurs de bus et bien d'autres employés du secteur public continuent d'afficher l'amabilité d'une porte de prison, apanage de ces personnes dont la tâche est particulièrement grave ou dont l'existence est un enfer. Ou les deux.

Marie Jégo

LE COUP D'ŒIL DE L'EXPERTE

Ne pas sourire... C'est un euphémisme! En Russie, faire preuve d'amabilité dans la rue paraîtrait bizarre, voire tout à fait saugrenu. Face à cette brutalité déconcertante au premier abord, les âmes délicates vont souffrir, les moins courtois se détendre. Un moyen, pourtant, de dérider n'importe lequel de ces passants : dites-leur deux ou trois mots dans leur langue. Ils apprécieront vos efforts...

Une tradition persiste en Russie : lorsqu'on invite quelqu'un à venir prendre le thé, qui est un véritable repas, il ne faut pas hésiter à insister. En effet, il est poli de refuser une ou deux fois l'invitation avant de finir par l'accepter.

Si vous rentrez tard d'un dîner chez des Russes, pensez à appeler vos hôtes en arrivant chez vous. Cette habitude est sans doute une réminiscence de l'époque soviétique, quand l'insécurité était monnaie courante. Si vous ne le faites pas, attendez-vous à recevoir un coup de fil : vos hôtes se sentent responsables de leurs invités et se doivent de vérifier qu'ils sont arrivés à bon port.

Les Russes seraient-ils superstitieux ? Sans aucun doute. Sachez en tout cas ne pas les froisser en stationnant, par exemple, sur le seuil d'une porte. Ce seuil représente symboliquement la maison du diable. Il vous faudra passer un pied dans la pièce avant de saluer qui que ce soit... Attention aussi au mauvais œil : le Russe en a peur. Ne soyez pas surpris s'il crache trois fois par-dessus son épaule gauche et touche trois fois du bois lorsqu'il évoque ses futurs succès ou la bonne santé de son enfant. On se rassure comme on peut ! Enfin, ne tendez jamais de l'argent de la main à la main. Les énergies qui s'en dégagent pourraient être transmises à celui qui le reçoit. Et qui dit que les vôtres ne sont pas terriblement mauvaises ? Un commerçant, un taxi même, pourraient refuser vos billets si vous les lui mettez directement dans la main... Pas d'inquiétude, une petite tablette a été conçue spécialement à cet effet : c'est là que vous placerez votre argent, et là qu'on vous rendra votre monnaie.

S'il est un pays où la galanterie a encore quelques bonnes années devant elle, c'est bien la Russie. Les hommes laisseront volontiers leur place à une dame dans le métro. Prenez-en de la graine. S'il n'embrasse pas une femme sur les deux joues pour la saluer, un Russe n'hésitera pas à lui faire le baisemain, sans craindre de paraître démodé ou archaïque. À table, il est bienvenu de porter un toast en l'honneur des dames présentes. Attention, toutefois, à ne pas trop vous servir de vodka, car vous devrez absolument boire votre verre cul sec après l'avoir levé. Sinon, on pourrait imaginer que vous ne croyez pas un mot du beau discours que vous venez de prononcer.

THAÏLANDE

Distance respectueuse au pays du Sourire

Comment se conduire en famille, avec les autres, ses supérieurs, ses subordonnés, ou encore avec des inconnus... Au pays du Sourire, tout enfant thaï apprend à l'école et à la maison la longue liste des impératifs du *marayat* – «bon comportement» ou «savoir-vivre». *«Si vous ne vous conformez pas à ces règles, vous ne pouvez pas vivre dans la société thaïe»*, explique «Jobe» – c'est son surnom –, un industriel de trente-neuf ans qui appartient à la haute société de Bangkok : *«Dès l'enfance, on nous apprend à respecter les* puyaaï, *les personnes placées au-dessus de nous dans la hiérarchie.»*

Respect et distance

Les rapports sociaux obéissent à un certain nombre de codes en apparence contraignants. Mais si la politesse est une forme de respect, c'est aussi une façon de garder l'autre à distance. Sourire est un moyen d'éviter le conflit, de contourner d'éventuelles difficultés. Faire le *wai*, le salut paumes jointes à hauteur de visage, est un geste respectueux, et qui permet d'éviter le contact physique dans une société à la fois pudibonde et tolérante.

« Se mettre en avant, exhiber son savoir-faire est contraire à l'humilité attendue de chacun, écrit Arnaud Dubus dans son guide Thaïlande, histoire, société, culture (éditions La Découverte, 2011). *Dans le monde intellectuel, ceux qui sortent de la norme sont considérés comme quelque peu dangereux ; il est préférable de ne pas entrer en relation avec eux. »*

Éviter les conflits

Le concept central de *krengchai* permet de se faire une idée des rapports entre les individus dans une société empreinte de réserve : cette expression, que l'on peut traduire par « je me sens gêné », « je n'ose pas », « je ne mérite pas », exprime *« une certaine humilité, chère aux Thaïs, qui pensent toujours au cœur et au sentiment d'autrui »*, relèvent Jean Baffie et Thanida Boonwanno dans leur Dictionnaire insolite de la Thaïlande (éditions Cosmopole). Même si, ajoutent-ils, *« dire* krengchai *ne les empêchera pas finalement d'accepter ou de refuser votre proposition... »*.

Plus largement, le *krengchai* permet d'anticiper tout conflit potentiel, dans une société à la violence endémique : *« Tous les Thaïs savent qu'ils sont extrêmement vulnérables aux affronts, qu'ils peuvent perdre la face et que toute revanche, provoquée par ce qui serait perçu comme une insulte, même non intentionnelle, peut avoir des conséquences très déplaisantes »*, explique l'anthropologue Niels Mulder dans Inside Thai Society (Silkworm Books).

« Il s'agit de minimiser toute friction sociale », complète Worapath, un homme d'affaires à la retraite. Mais les

comportements sont peut-être en train de changer. *« Par exemple,* regrette-t-il, *les règles de bienséance imposent de légèrement se courber quand on passe devant des personnes plus âgées. C'est un réflexe qui est en train de se perdre chez certains jeunes. »*

La politesse traditionnelle pourrait-elle laisser la place, dans certains milieux, à des comportements plus directs, de type occidental ? Pour l'heure, ces attitudes restent souvent jugées par les Thaïlandais comme brutales et dépourvues de retenue...

Bruno Philip

LE COUP D'ŒIL DE L'EXPERTE

Les Thaïlandais sont accueillants, souriants et tolérants... dans une certaine limite, que quelques Occidentaux, sans doute mal informés, dépassent de temps à autre. Ainsi, la famille royale est là-bas extrêmement respectée, alors inutile de plaisanter là-dessus. Si vous connaissez une blagounette impayable sur le sujet, gardez-la pour vous. Un Thaïlandais ne la trouvera pas drôle, pire, il sera offusqué par vos propos. D'ailleurs, si d'aventure un billet de banque s'échappe de vos mains, gardez-vous de poser le pied dessus pour l'empêcher de s'envoler : le visage du roi Rama IX y est représenté. Ce qui vous semble un réflexe naturel est passible de prison ! Enfin, l'hymne national retentit tous les jours à 8 heures du matin et à 18 heures, à la radio, à la télévision et dans les haut-parleurs de certains lieux publics. Montrez donc votre volonté d'intégration en interrompant vos activités pendant sa diffusion. Au cinéma, chaque séance est précédée par la diffusion de l'hymne, alors faites de même : levez-vous et écoutez en silence...

Vous êtes jeunes mariés et vous avez choisi la Thaïlande pour votre voyage de noces ? C'est une belle idée. Sachez seulement que vous ne pourrez pas vous câliner dans les rues de Bangkok ou d'ailleurs. Ce serait très inconvenant. Les Thaïlandais sont pudiques, voire pudibonds. Vous mettriez mal à l'aise les personnes âgées. Alors, soyez sages. Sachez aussi qu'il est malvenu de toucher le crâne d'un Thaïlandais, même celui d'un enfant. Ce geste, qui vous semble affectueux, le gênera considérablement car, pour lui, la tête est sacrée : c'est là que se situe l'âme des individus. Si, par mégarde, vous avez touché les cheveux d'un bambin, excusez-vous. On vous pardonnera sans difficulté votre maladresse.

Faut-il préciser qu'une attitude décente et respectueuse est obligatoire, incontournable, indispensable dans les lieux sacrés ? Mesdames, messieurs, une tenue correcte est exigée ! Pas de short ni de débardeur, pas de chemise à manches courtes ni de minijupe dans les temples. Mais si votre apparence est un peu légère, pas de panique. Des pantalons et des *sarongs* traditionnels sont en location à l'entrée du temple. Vous pourrez alors visiter ces lieux magiques la tête haute, et sans oublier la discrétion et la réserve de mise. À bon entendeur...

TURQUIE
Questions à... Guillaume Perrier

Comment se salue-t-on en Turquie ?

Dans les situations les plus formelles, les Turcs se disent d'abord bonjour, puis ils se serrent la main. En famille ou avec des amis proches, on se serre la main tout en s'embrassant sur les joues. Dans les milieux nationalistes, on se touche les tempes.

Quels sont les impairs à ne pas commettre ?
Y a-t-il des sujets tabous dans la conversation ?

Cela dépend vraiment de la situation, de l'interlocuteur, du milieu dans lequel on se trouve... Une chose est sûre, on n'entre jamais chez quelqu'un avec ses chaussures. Et il ne faut pas aborder les sujets politiques sensibles ni, bien entendu, parler de sexualité. Il serait aussi extrêmement maladroit de dire qu'on est athée à des religieux ou, inversement, qu'on est religieux à des athées.

Les Turcs sont-ils disciplinés ?

Pas vraiment, à une exception près : les files d'attente pour monter dans les bus publics, les *dolmus* (des minibus dont le nom veut dire «rempli», car ils ne démarrent souvent que quand ils sont pleins), ou dans les transports en commun privés (très répandus, la plupart des écoles, des entreprises et des administrations organisant elles-mêmes leur propre service de transport). Sur les trottoirs, on observe avec étonnement de longues files de gens qui attendent leur tour, parfaitement disciplinés. C'est particulièrement surprenant dans une ville comme Istanbul, où l'anarchie est plutôt la règle. D'ailleurs, le moins qu'on puisse dire, c'est que, dans l'ensemble, les Turcs ne sont pas très disciplinés. Dans les magasins ou au guichet d'une banque, on vous passera devant sans hésiter !

LE COUP D'ŒIL DE L'EXPERTE

L'hospitalité est ancrée dans les gènes turcs. Lorsqu'on pénètre dans une maison, on est toujours reçu avec chaleur et cordialité, même la première fois. Si on est invité à dîner, ou même juste à prendre le thé ou le café, il faut impérativement offrir quelque chose. En général, les convives apportent des pâtisseries, des fleurs pour la maîtresse de maison ou des babioles pour les enfants. L'hospitalité turque est tout un art, qui réside dans la faculté des hôtes à mettre leurs convives aussi à l'aise que possible. Souvent, lorsqu'on arrive dans une maison où on a été invité, sitôt le seuil franchi, la maîtresse de maison vous propose d'asperger vos mains d'eau de Cologne ou d'eau de rose. C'est tout simplement un signe de bienvenue et une marque de respect, pas un souci d'hygiène! Tout de suite après, on se voit offrir du thé ou du café, accompagné de pâtisseries ou de confiseries. Attention, même si on sort de table, il convient d'accepter ce qui est proposé, l'inverse paraîtrait tout à fait grossier. Si vous avez été invité à dîner, avant de partir, n'oubliez pas de remercier la maîtresse de maison, plus exactement la femme la plus âgée de l'assistance. Même si elle n'a pas participé à la préparation des plats, c'est elle qui a choisi le menu et veillé au bon déroulement des opérations. Pour être un convive parfait, vous pouvez ajouter «*Elinize saglik olsun*», c'est-à-dire «Que vos mains soient bénies».

Lorsqu'on veut secourir un Turc qui paraît en difficulté, mieux vaut ne pas lui demander s'il a besoin d'aide. Il refuserait : accepter de l'assistance, cela ne se fait pas. En revanche, si l'aide est apportée de manière spontanée, il sera enchanté...

Une des marques de respect turques consiste à appeler son interlocuteur par son nom de famille. C'est un peu l'équivalent de notre vouvoiement.

La superstition des Turcs est légendaire. La tradition veut que chacun possède une amulette appelée *Nazar Boncuk*, en fait un simple morceau de verre bleu marine ou turquoise. Elle est censée empêcher les mauvaises pensées environnantes d'atteindre son propriétaire et supprimer les mauvaises énergies. On la retrouve partout : à l'entrée des maisons, dans les bureaux, les bus, les voitures ou les restaurants. Les femmes s'en font des bijoux, et on l'offre aux nouveau-nés pour leur porter chance.

Lorsqu'un Turc reçoit son tout premier salaire, la coutume veut qu'il propose des sucreries ou des gâteaux aux membres de sa famille et à ses collègues. Tous diront alors *«tatli yiyelim, tatli konu alim»*, ce qui se traduit par «mangeons des douceurs, parlons en douceur». Toutes ces douceurs auraient la faculté d'apaiser les éventuelles tensions à venir...

Et les Français ?
Le coup d'œil de l'experte

Le savoir-vivre hexagonal vu d'ailleurs

Certains se souviennent sûrement de cette délicieuse collection de livres pour enfants : les *Monsieur et Madame*. On y trouve *Monsieur Glouton*, *Monsieur Rigolo*, *Madame Tintamarre* ou encore *Madame Boute-en-train*. Les Britanniques ont même adapté cette série en dessin animé pour la télévision. *Monsieur Mal Élevé*, « Mr Rude », en anglais dans le texte, est l'un de ces personnages qui font tordre les plus petits. Ils rient d'autant plus que ce Mr Rude a un drôle d'accent. À l'écouter de plus près, stupeur, Mr Rude est... français ! Un Français pour illustrer la mauvaise éducation ? Est-ce vraiment ainsi que nous voient nos voisins anglais ? Qu'ils nous considèrent comme des mangeurs de grenouilles, soit, on le savait, mais comme de grossiers personnages, on a du mal à le croire.

Les pires touristes du monde ?

Comment se comportent les Français à l'étranger » Hélas, il faut se rendre à l'évidence, les Anglais ne sont pas les seuls à nous trouver très impolis. Une étude réalisée auprès de 40 000 hôteliers du monde entier est on ne peut plus éloquente[1] : nous sommes, paraît-il, de déplorables touristes, pour ne pas dire les pires, et nous ne faisons rien pour améliorer les choses. Sur une liste de vingt et une nationalités, les Français arrivent en dix-neuvième position. Pas de quoi se vanter! Seuls les Indiens et les Chinois ont plus mauvaise réputation que nous. La baronne Staffe doit se retourner dans sa tombe, elle qui s'est donné tant de mal pour inculquer à ses compatriotes un semblant de courtoisie avec ses célèbres manuels de savoir-vivre, publiés à la fin du XIXe et au début du XXe siècle.

Mais, au fait, que nous reproche-t-on? D'abord et surtout, notre arrogance, devenue légendaire. Rassurons-nous tout de même : ne dit-on pas que les Italiens sont des voleurs, les Suisses des lambins, les Chinois des fourbes, les Américains des crétins, et j'en passe. Les clichés ont la peau dure... mais tout de même, notre petit complexe de supériorité n'y est peut-être pas totalement étranger. D'ailleurs, en voyage, les touristes français ne sont pas les plus impressionnés par ce qu'ils découvrent. Selon les guides et les hôteliers, ils ont tendance à considérer que «décidément, chez nous, c'est quand même mieux».

Autre critique, et elle est de taille : nous ne ferions aucun effort pour parler la langue du pays qui nous reçoit. La faute à qui? Aux défaillances de l'Éducation nationale, sans doute.

---

1. Étude menée auprès de 40 000 hôteliers par l'institut TNS Infratest, du 10 au 23 juin 2009.

«Les Français baragouinent et utilisent tout le temps des mots de français incompréhensibles», lit-on dans les forums de voyage. «Insupportables», selon les uns, «partisans du moindre effort», pour les autres. Cette lacune linguistique ne facilite pas nos échanges : ne pas parler une langue peut rendre impatient, ne rien comprendre à ce qui se dit, inciter à la méfiance.

On ne nous demande pourtant pas grand-chose, sinon de prononcer quelques mots d'anglais. Ce problème de langue a, lui aussi, certainement à voir avec notre petit côté arrogant. Dans le fond, pourquoi ces étrangers n'emploient-ils pas tout simplement le français ? Notre langue n'était-elle pas pendant des siècles la seule digne d'être parlée ?

Le comble ? Les touristes français seraient radins, râleurs, prompts à chipoter pour des broutilles, persuadés que le demi-litre d'eau minérale est bien trop cher et qu'on peut sûrement trouver plus intéressant ailleurs. Et il y a les pourboires, qu'ils oublient souvent de laisser. Les serveurs sont unanimes : «Quand un Français vient chez nous, on sait que le pourboire sera maigre ou inexistant...» La grande peur des Français à l'étranger, c'est de se faire arnaquer, de payer trop cher, bref de passer pour un... touriste ! Un Belge raconte que, lorsqu'il arrive dans un hôtel hors de ses frontières, il décline très vite sa nationalité : «Les Belges ont plutôt bonne presse, pas les Français. Je préfère être bien reçu !»

Mais ne nous désespérons pas trop vite. Les touristes français ont aussi de grandes qualités, et il serait temps de le faire savoir. D'abord, ils sont propres ! Malgré notre vieille réputation de crasseux, il semble que, depuis dix ans, nous soyons devenus les champions d'Europe de l'hygiène. Les spécialistes de l'hôtellerie s'accordent tous sur ce point. Les Français laissent leur chambre d'hôtel impeccable, mieux, ils sont considérés comme «plutôt élégants», lors de leurs visites des monuments et autres balades touristiques. L'image du «chic» français n'est donc pas tout à fait écornée. Quant à celle de fins gourmets, elle se porte bien. On nous dit «curieux de connaître les traditions culinaires», prêts à goûter de nouvelles saveurs, à tester des plats inconnus. Cela ne semble pas être le cas de nos voisins, plus frileux en matière de cuisine. Ces quelques points positifs sont censés remonter le moral des troupes. Et nous engager, pourquoi pas, à faire de solides efforts quand nous partons pour l'étranger...

Quand les étrangers viennent en France
On l'a vu, le mot «arrogance» revient systématiquement dans les conversations lorsqu'on parle des Français. Soyons sincères : nous ne sommes pas mécontents de nous-mêmes. Il faut reconnaître qu'on nous y encourage. Pas une star hollywoodienne invitée à la télévision n'omet de rappeler que nous habitons le plus beau pays du monde. Ces compliments à répétition ont fini par nous convaincre, voire nous monter à la tête. Alors c'est vrai, nous ne sommes pas toujours très patients avec ces touristes qui flânent dans les rues ni très pressés de répondre à leurs questions. Il est vrai que nous n'y comprenons à peu près rien — toujours ce fameux problème de langue. Et en effet, nos garçons de café sont souvent désagréables, voire, dans la capitale, méprisants. Mais cela ne fait-il pas aussi partie du singulier charme hexagonal ?

Certains, pourtant, nous admirent et nous ne devons pas l'oublier. Prenez l'éducation de nos enfants. Nous ne nous pensions pas si doués en matière de pédagogie, sauf peut-être quand nous entrions dans un restaurant américain ou brésilien. Là-bas, l'enfant est roi, il peut brailler, refuser la nourriture qu'on lui propose ou se lever de table sans que cela pose le moindre problème. Une Américaine résidant à Paris, Miss Pamela Druckerman, s'est prise de passion pour nos *so Frenchy* têtes blondes. Dans un livre publié aux États-Unis sous le titre *Bringing Up Bébé — One American Mother Discovers the Wisdom of French Parenting* («L'éducation des tout-petits, une mère américaine découvre la sagesse de l'éducation à la française»), elle avoue son admiration inconditionnelle pour le savoir-vivre appris aux Français dès le plus jeune âge. D'après elle, les parents français sont beaucoup moins laxistes que leurs homologues américains, par conséquent leurs enfants sont des anges en comparaison de leurs petits camarades d'outre-Atlantique. On en est gonflé d'orgueil...

Autre succès américain, autre sujet de fierté : *French Women Don't Get Fat* («Ces Françaises qui ne grossissent pas»), de Mireille Guiliano. Nous y voilà. Les Françaises restent le fantasme absolu de beaucoup d'étrangers, et ce pour des raisons parfois mystérieuses. De retour en France après quelques mois en Californie, une jeune Française raconte : «Les garçons ne connaissent de la France qu'un film : *Moulin Rouge*. Ils sont persuadés que toutes les Françaises sont des filles faciles, des "petites femmes de Pigalle", comme les chantait Serge Lama!» Vu sous cet angle... Comme les Américains, les Anglais trouvent les Françaises bien plus sexy que leurs compatriotes. Plus minces aussi, mieux habillées, évidemment! Cette femme élégante et pimpante est malheureusement une légende : voyez comme à New York la gent féminine s'habille et se pomponne avant de sortir le soir. Bien plus qu'à Paris, en réalité. Des femmes idéales donc, et des hommes … séducteurs, bien sûr. La faute à qui? À Hollywood, sans doute. Au temps du muet déjà, le cinéma a fait du *French lover* celui à qui aucune femme ne pouvait résister. Mieux, il était le «meilleur amant du monde». Aujourd'hui encore, Jean Dujardin l'a prouvé : le Français est l'archétype de l'homme élégant, viril et tellement exotique. Et puis il y a le *French kiss*, ce baiser langoureux et torride. L'expression viendrait des GI qui, au lendemain de la guerre, auraient été surpris par l'abandon généreux des jeunes Françaises sur leur passage. Mondialisation oblige, il faut reconnaître que nous ne sommes plus les seuls à pratiquer admirablement ce sympathique exercice.

Nous embrassons bien, soit, et nous restons également les champions du monde du serrement de main. Qui d'autre que nous sait aussi bien quand, comment et où tendre cette main, symbole de cordialité? Les étrangers admirent notre façon de faire au moins autant que nous restons ébahis devant les courbettes sophistiquées et très calculées des Japonais ou désemparés au moment de pratiquer le *hug* à l'américaine. Les étrangers le disent, nous avons une manière impeccable de nous saluer : regard perçant, main ni trop brusque ni trop molle. Du grand art.

Les Japonais, qui aiment tant Paris, y sont pourtant bien maltraités. Agacés par leurs appareils photo et leur présence permanente dans les magasins de luxe, nos concitoyens leur réservent parfois un accueil peu amène. Serions-nous jaloux de leur pouvoir d'achat ? Toujours est-il qu'on ne peut pas passer sous silence le fameux « syndrome de Paris », qui frapperait chaque année touristes, hommes d'affaires ou étudiants japonais. Déçus sans doute par la Ville Lumière, eux qui confondent souvent la carte postale et la réalité sont parfois atteints par ce mal : une forme aiguë de dépression qui les conduit tout droit à l'hôpital. Nos amis japonais ne comprennent rien à la brutalité des rapports humains à Paris, à l'indifférence qu'on leur renvoie et à notre manque d'envie de comprendre ce qu'ils tentent désespérément de nous dire. Ils en deviennent paranoïaques. Chaque année, au moins cinq touristes japonais sont rapatriés d'urgence, à deux doigts de la crise de nerfs.

Mais les Français savent faire preuve de bonne volonté. On les dit prêts à changer pour rompre définitivement avec l'image peu flatteuse qui leur colle à la peau. La preuve ? Les expatriés installés en France nous trouvent de plus en plus courtois et considèrent qu'on exagère notre agressivité et notre mauvais caractère. On entend çà et là que notre mauvaise réputation n'est pas justifiée. Il arrive même, paraît-il, que l'on nous juge accueillants et sympathiques… À ce rythme, nous ne devrions pas tarder à rejoindre le podium des meilleurs touristes et des meilleurs hôtes du monde !

Le savoir-vivre est-il français ?

En France, pas question de parler trop sérieusement de savoir-vivre. On préfère gloser avec ironie sur ces fameux manuels de politesse, censés nous expliquer comment se comporter en société.

Êtres supérieurs, pour ne pas dire exceptionnels, les Français considèrent qu'ils n'ont pas attendu d'apprendre les règles écrites pour être civilisés. La bonne éducation ferait, pour ainsi dire, partie de leur capital génétique. C'est en tout cas ce qu'ils ont fortement tendance à penser, voire à décréter haut et fort, tout en oubliant souvent (mon Dieu, quelle importance?) de dire bonjour, merci et au revoir.

Pourtant, aucun pays au monde ne s'est autant penché sur des questions aussi fondamentales que : est-il judicieux ou pas de parler la bouche pleine, faut-il toujours céder sa place aux dames, quand peut-on couper la parole à quelqu'un? On ne se lasse pas de consacrer à ce thème des livres, des sondages, des articles dans les journaux, et même des émissions de radio et de télévision : la France s'en défend et déteste qu'on le lui rappelle, mais depuis toujours elle admire les bonnes manières et se plaît à en discourir.

Du règne de François Ier à celui de Louis XVI, l'étiquette est le sujet essentiel à la cour. Ces messieurs doivent savoir rester à leur place, ces dames ne pas (trop) se donner de grands airs, et gare à celui qui déroge à la règle : il pourrait être répudié, pour ne pas dire passer de vie à trépas. De quoi y réfléchir à deux fois... À l'époque, ces codes précis n'étaient pourtant pas considérés comme embarrassants. Bien au contraire, ils facilitaient la vie des courtisans. La Révolution française a tenté de casser ces coutumes d'un autre monde. Maintenant, citoyens, citoyennes, on tutoie les personnes âgées et son supérieur hiérarchique, et plus vite que ça... Mais les citoyens et les citoyennes, même les plus motivés, n'y sont jamais parvenus. Quitte à passer pour des contre-révolutionnaires passibles de sévères sanctions, ils ont continué à marquer du respect envers leurs aînés et le sexe faible. Difficile de se débarrasser de ses bonnes vieilles habitudes ...

La grande période du savoir-vivre est sans conteste le XIXe siècle, le siècle de la bourgeoisie triomphante. Ni aristocrate ni ouvrière, la classe moyenne commence à se donner des airs. Mais ni Marcel Proust ni sa chère Mme Verdurin ne me contrediront, il faut savoir s'y prendre. Alors, les manuels de politesse ont un succès fou. La baronne Staffe, avec son *Usage du monde*, reste sans doute le plus célèbre auteur de ce nouveau genre littéraire. Née en 1843 dans les Ardennes, cette demoiselle ne connaît rien aux lambris de la haute société parisienne. Son titre de baronne est totalement usurpé, ou plutôt c'est un pseudonyme indispensable : les petits-bourgeois qui dévorent ses écrits préfèrent croire qu'elle en connaît un rayon. Ils n'ont d'ailleurs pas tort. Elle sait tout des relations entre maîtres et serviteurs et de la bonne utilisation de la carte de visite. En 1889, la première parution de son livre est un triomphe. D'autres baronnes, marquises, comtesses et vicomtesses suivront son chemin avec plus ou moins de succès : au XIXe siècle, le savoir-vivre est furieusement à la mode. Et pour la baronne Staffe, la France, Paris à sa tête, est le centre de tout. À l'en croire, c'est ici et nulle part ailleurs que sont nées les règles de politesse «modernes».

Vint Mai 68. Un temps, on a cru que c'en était fini des conventions, qu'elles avaient subitement pris un coup de ringardise définitif. «À bas le vieux monde!» lisait-on sur les murs de Paris. C'est sans doute alors que le baisemain, quel désastre, a peu à peu disparu. Mais la courtoisie, héritée de notre Moyen Âge, ne s'est jamais tout à fait éteinte. Les mêmes jeunes gens qui jetaient des pavés à la tête des CRS ont continué, presque malgré eux, à ouvrir les portières de leur automobile à leurs petites amies. On ne se refait pas.

Dans les années quatre-vingt, on s'est beaucoup moqué de la baronne de Rothschild et de son livre, *Le Bonheur de séduire, l'art de réussir*. Il n'empêche, une fois de plus, le succès a été au rendez-vous. Et, trente ans plus tard, les manuels de savoir-vivre continuent à bien se porter.

Mais attention! Ne croyez pas qu'en France on lise ces ouvrages pour apprendre des règles qui nous auraient échappé. Non, on veut simplement s'assurer que l'auteur n'a rien oublié, puisque, bien entendu, on sait déjà tout de la galanterie et des manières de table. Les Français «vérifient» leur savoir-faire en matière de savoir-vivre, un point c'est tout.

D'autres se moquent allégrement de ces traditions, les jugent hypocrites et un rien dépassées. Ce sont les mêmes qui se disent terrifiés par l'attitude irrespectueuse des enfants face à leurs aînés. On marche sur la tête.

Mais un changement radical tend à s'opérer. On ne rechignerait plus à apprendre l'étiquette, et voici que fleurit un nouveau genre d'écoles. On y apprend comment bien se tenir, quelles fleurs apporter aux maîtresses de maison, ou encore les impairs à ne jamais commettre. Ce sont des écoles de «savoir-vivre à la française». À la française, bien sûr, puisque la France symbolise un sens unique du bon goût…

Dans la vie de tous les jours, en famille, au bureau, dans le métro bondé, il arrive qu'un doute nous étreigne. Qu'à cela ne tienne, laissons-nous porter par cette douce musique : les Français sont, par essence, polis. Après tout, ce n'est pas si désagréable à entendre…

Merci à Joseph Beauregard,
qui a donné au *Monde* l'idée originale
de cette série.

Quelques pistes bibliographiques

- Mark McCrum, « *On se fait la bise* », *Le guide international des bonnes manières*, éditions du Seuil, 2008
- Dominique Perrin et Brigitte du Tanney, *Savoir-vivre international*, éditions Hermé, 1987
- Louis-Bernard Robitaille, *Ces impossibles Français*, éditions Denoël, 2010
- Frédéric Rouvillois, *Histoire de la politesse de 1789 à nos jours*, éditions Flammarion, 2006
- Baronne Staffe, *Usages du monde, Règles du savoir-vivre dans la société moderne*, 1891, réédition Tallandier, 2007
- Sylvie Weil, *Trésors de la politesse*, éditions Belin, 1983

De Laurence Caracalla :
- *Le Savoir-vivre pour les nuls*, éditions First, 2011
- *Le Carnet du savoir-vivre*, éditions Flammarion, 2008
- *Le Carnet du savoir-vivre au bureau*, éditions Flammarion, 2009

Table des matières

Du bon usage du savoir-vivre	7
Le savoir-vivre dans tous ses états	13
Allemagne	15
Autriche	19
Brésil	25
Chine	29
Colombie	33
Corée du Sud	37
Espagne	43
États-Unis, Californie	47
États-Unis, côte Est	53
Grèce	59
Hong Kong & Taïwan	63
Inde	67
Israël	71
Italie	77
Japon	81
Mauritanie	87
Mexique	91
Pays-Bas	95
Pologne	99

Royaume-Uni	103
Russie	107
Thaïlande	113
Turquie	117
Et les Français ?	121
Quelques pistes bibliographiques	135

Achevé d'imprimer
sur Roto-Page
par l'Imprimerie Floch
à Mayenne, le 16 mai 2012.
Dépôt légal : mai 2012.
Numéro d'imprimeur : 82430.

ISBN 978-2-207-11316-5 / Imprimé en France.

243053